中宣部2022年主题出版重点出版物

"十四五"国家重点图书出版规划项目

纪录小康工程

全面建成小康社会

湖南大事记

HUNAN DASHIJI

本书编写组

湖南人民出版社·长沙

责任编辑：周　熠　黄梦帆
封面设计：石笑梦
版式设计：周方亚　谢俊平

图书在版编目（CIP）数据

全面建成小康社会湖南大事记／本书编写组编 . — 长沙：湖南人民出版社，
　2022.10
　（"纪录小康工程"地方丛书）
　ISBN 978 - 7 - 5561 - 2922 - 5

Ⅰ.①全… Ⅱ.①本… Ⅲ.①小康建设－大事记－湖南 Ⅳ.① F127.64

中国版本图书馆 CIP 数据核字（2022）第 088000 号

全面建成小康社会湖南大事记

QUANMIAN JIANCHENG XIAOKANG SHEHUI HUNAN DASHIJI

本书编写组

湖南人民出版社 出版发行

（410005　长沙市开福区营盘东路 3 号）

湖南天闻新华印务有限公司印刷　新华书店经销

2022 年 10 月第 1 版　2022 年 10 月长沙第 1 次印刷

开本：710 毫米 ×1000 毫米 1/16　印张：11.5

字数：146 千字

ISBN 978 - 7 - 5561 - 2922 - 5　定价：39.00 元

邮购地址 410005　长沙市开福区营盘东路 3 号

湖南人民出版社销售中心　电话：（0731）82221529　82683301

总　序

为民族复兴修史　为伟大时代立传

　　小康，是中华民族孜孜以求的梦想和夙愿。千百年来，中国人民一直对小康怀有割舍不断的情愫，祖祖辈辈为过上幸福美好生活劳苦奋斗。"民亦劳止，汔可小康""久困于穷，冀以小康""安得广厦千万间，大庇天下寒士俱欢颜"……都寄托着中国人民对小康社会的恒久期盼。然而，这些朴素而美好的愿望在历史上却从来没有变成现实。中国共产党自成立那天起，就把为中国人民谋幸福、为中华民族谋复兴作为初心使命，团结带领亿万中国人民拼搏奋斗，为过上幸福生活胼手胝足、砥砺前行。夺取新民主主义革命伟大胜利，完成社会主义革命和推进社会主义建设，进行改革开放和社会主义现代化建设，开创中国特色社会主义新时代，经过百年不懈奋斗，无数中国人摆脱贫困，过上衣食无忧的好日子。

　　特别是党的十八大以来，以习近平同志为核心的党中央统揽中华民族伟大复兴战略全局和世界百年未有之大变局，团结带领全党全国各族人民统筹推进"五位一体"总体布局、协调推进"四个全面"战略布局，万众一心战贫困、促改革、抗疫情、谋发展，党和国家事业取得历史性成就、发生历史性变革。在庆祝中国共产党成立100周年大会上，习近平总书记庄严宣告："经过全党全国各族人民持续奋斗，我们实现了第一个百年奋斗目标，在中华大地上全面建成了小康社会，历史性地解决了绝对贫困问题，正在意气风发向着全面建成社会主义现代化强国的第二个百年奋斗目标迈进。"

这是中华民族、中国人民、中国共产党的伟大光荣！这是百姓的福祉、国家的进步、民族的骄傲！

全面小康，让梦想的阳光照进现实、照亮生活。从推翻"三座大山"到"人民当家作主"，从"小康之家"到"小康社会"，从"总体小康"到"全面小康"，从"全面建设"到"全面建成"，中国人民牢牢把命运掌握在自己手上，人民群众的生活越来越红火。"人民对美好生活的向往，就是我们的奋斗目标。"在习近平总书记坚强领导、亲自指挥下，我国脱贫攻坚取得重大历史性成就，现行标准下9899万农村贫困人口全部脱贫，建成世界上规模最大的社会保障体系，居民人均预期寿命提高到78.2岁，人民精神文化生活极大丰富，生态环境得到明显改善，公平正义的阳光普照大地。今天的中国人民，生活殷实、安居乐业，获得感、幸福感、安全感显著增强，道路自信、理论自信、制度自信、文化自信更加坚定，对创造更加美好的生活充满信心。

全面小康，让社会主义中国焕发出蓬勃生机活力。经过长期努力特别是党的十八大以来伟大实践，我国经济实力、科技实力、国防实力、综合国力跃上新的大台阶，成为世界第二大经济体、第一大工业国、第一大货物贸易国、第一大外汇储备国，国内生产总值从1952年的679亿元跃升至2021年的114万亿元，人均国内生产总值从1952年的几十美元跃升至2021年的超过1.2万美元。把握新发展阶段、贯彻新发展理念、构建新发展格局、推动高质量发展，全面建设社会主义现代化国家，我们的物质基础、制度基础更加坚实、更加牢靠。全面建成小康社会的伟大成就充分说明，在中华大地上生气勃勃的创造性的社会主义实践造福了人民、改变了中国、影响了时代，世界范围内社会主义和资本主义两种社会制度的历史演进及其较量发生了有利于社会主义的重大转变，社会主义制度优势得到极大彰显，中国特色社会主义道路越走越宽广。

全面小康，让中华民族自信自强屹立于世界民族之林。中华民族有五千多年的文明历史，创造了灿烂的中华文明，为人类文明进步作出了卓越贡献。近代以来，中华民族遭受的苦难之重、付出的牺牲之大，世所罕见。中国共产党带领中国人民从沉沦中觉醒、从灾难中奋起，前赴后继、百折不挠，战胜各种艰难险阻，取得一个个伟大胜利，创造一个个发展奇迹，用鲜血和汗水书写了中华民族几千年历史上最恢宏的史诗。全面建成小康社会，见证了中华民族强大的创造力、坚韧力、爆发力，见证了中华民族自信自强、守正创新精神气质的锻造与激扬，实现中华民族伟大复兴有了更为主动的精神力量，进入不可逆转的历史进程。今天，我们比历史上任何时期都更接近、更有信心和能力实现中华民族伟大复兴的目标，中国人民的志气、骨气、底气极大增强，奋进新征程、建功新时代有着前所未有的历史主动精神、历史创造精神。

全面小康，在人类社会发展史上写就了不可磨灭的光辉篇章。中华民族素有和合共生、兼济天下的价值追求，中国共产党立志于为人类谋进步、为世界谋大同。中国的发展，使世界五分之一的人口整体摆脱贫困，提前十年实现联合国 2030 年可持续发展议程确定的目标，谱写了彪炳世界发展史的减贫奇迹，创造了中国式现代化道路与人类文明新形态。这份光荣的胜利，属于中国，也属于世界。事实雄辩地证明，人类通往美好生活的道路不止一条，各国实现现代化的道路不止一条。全面建成小康社会的中国，始终站在历史正确的一边，站在人类进步的一边，国际影响力、感召力、塑造力显著提升，负责任大国形象充分彰显，以更加开放包容的姿态拥抱世界，必将为推动构建人类命运共同体、弘扬全人类共同价值、建设更加美好的世界作出新的更大贡献。

回望全面建成小康社会的历史，伟大历程何其艰苦卓绝，伟大胜利何其光辉炳耀，伟大精神何其气壮山河！

这是中华民族发展史上矗立起的又一座历史丰碑、精神丰碑！这座丰碑，凝结着中国共产党人矢志不渝的坚持坚守、博大深沉的情怀胸襟，辉映着科学理论的思想穿透力、时代引领力、实践推动力，镌刻着中国人民的奋发奋斗、牺牲奉献，彰显着中国特色社会主义制度的强大生命力、显著优越性。

因为感动，所以纪录；因为壮丽，所以丰厚。恢宏的历史伟业，必将留下深沉的历史印记，竖起闪耀的历史地标。

中央宣传部牵头，中央有关部门和宣传文化单位，省、市、县各级宣传部门共同参与组织实施"纪录小康工程"，以为民族复兴修史、为伟大时代立传为宗旨，以"存史资政、教化育人"为目的，形成了数据库、大事记、系列丛书和主题纪录片4方面主要成果。目前已建成内容全面、分类有序的4级数据库，编纂完成各级各类全面小康、脱贫攻坚大事记，出版"纪录小康工程"丛书，摄制完成纪录片《纪录小康》。

"纪录小康工程"丛书包括中央系列和地方系列。中央系列分为"擘画领航""经天纬地""航海梯山""踔厉奋发""彪炳史册"5个主题，由中央有关部门精选内容组织编撰；地方系列分为"全景录""大事记""变迁志""奋斗者""影像记"5个板块，由各省（区、市）和新疆生产建设兵团结合各地实际情况推出主题图书。丛书忠实纪录习近平总书记的小康情怀、扶贫足迹，反映党中央关于全面建成小康社会重大决策、重大部署的历史过程，展现通过不懈奋斗取得全面建成小康社会伟大胜利的光辉历程，讲述在决战脱贫攻坚、决胜全面小康进程中涌现的先进个人、先进集体和典型事迹，揭示辉煌成就和历史巨变背后的制度优势和经验启示。这是对全面建成小康社会伟大成就的历史巡礼，是对中国共产党和中国人民奋斗精神的深情礼赞。

历史昭示未来，明天更加美好。全面建成小康社会，带给中国人民的是温暖、是力量、是坚定、是信心。让我们时时回望小康历程，深入学习贯彻习近平新时代中国特色社会主义思想，深刻理解中国共产党为什么能、马克思主义为什么行、中国特色社会主义为什么好，深刻把握"两个确立"的决定性意义，增强"四个意识"、坚定"四个自信"、做到"两个维护"，以坚如磐石的定力、敢打必胜的信念，集中精力办好自己的事情，向着实现第二个百年奋斗目标、创造中国人民更加幸福美好生活勇毅前行。

目　　录

一九四九年

8月4日 湖南省政府主席、国民党长沙绥靖公署主任程潜和第一兵团司令官陈明仁领衔发出起义通电，宣布脱离国民党政府，加入人民民主政权。5日，中国人民解放军先头部队一三八师进入长沙市区，湖南和平解放。

8月20日 经中共中央批准，长期坚持地下斗争的中共湖南省工委与3月在天津成立、随军南下的中共湖南省委合并，成立新的中共湖南省委。

10月1日 中华人民共和国宣告成立，毛泽东就职中央人民政府主席。省会长沙2万多各界群众举行集会庆祝。

11月15日 省委、临时省政府发出《关于稳定物价的指示》，紧缩货币，停止放款，打击银圆黑市；地主、富农必须缴人民币。

11月28日 省委发出关于防止匪特破坏活动的指示，指出各级党委要与匪特做斗争，保护秋征，安定秩序、保护群众。

12月1日 湖南全省职工代表会议开幕。会议提出"组织起来，发展生产，为建设新湖南而奋斗"，并成立湖南省总工会筹备委员会。

是年冬 省委决定修建南县、沅江县防汛堤，围垦大通湖蓄洪垦殖区，并在此基础上建立湖南最早、最大的国营农场——大通湖农场。

本年度 随着湖南全省的解放，湖南省委确定"和平接管、逐步改造"的方针，顺利接管了各级旧政权，没收了官僚资本，掌握了地方政权和国民经济命脉，开始建立社会主义国营经济。全年工农业总产值 18.98 亿元。

一九五〇年

1月5日—19日 中共湖南省委在长沙召开全省第一次党员代表会议，部署恢复生产、救灾备荒、清匪反霸、减租退押以及土改等工作。

3月9日 省委、湖南军区联合发出《关于剿匪的指示》；4月4日，湖南军区召开剿匪工作会议，制定"收缩兵力，重点进剿"剿匪计划。1950年10月中旬至1951年2月，湘西边缘区会剿战役在湘、川、鄂、黔、桂5省边缘进行。自1949年8月至1952年底，全省共歼匪257993人。

4月 和平起义后成立的湖南临时省政府结束，正式成立湖南省人民政府。

6月15日 省人民政府为贯彻中央人民政府关于调整公私工商业关系的指示，发布《贯彻执行调整公私工商业关系的补充指示》，规定调整公私关系的基本原则。

9月中旬 省人民政府发出关于彻底查禁烟毒的布告。在禁烟毒运动中，全省共缴获毒品4585447.37两（16两秤），并依法惩处一批贩毒分子。

9月20日—29日 第一次全国工农教育会议召开。会议提出"推行识字教育，逐步减少文盲"口号。湖南开始推行在农村办冬学、城市办夜校的教育运动。据统计，1951年全省有272万余人参加扫盲班。

10 月 15 日 湖南省首届各界人民代表会议在长沙召开。中心议题是土改问题，会议选举产生了常设机构省协商委员会，代行人民代表大会职权。

10 月起 在全省开展大规模的土地改革运动，至 1953 年 3 月结束，全省约 1890 万无地少地的农民获得 2610 多万亩土地和其他生产资料。

11 月初起 全省开展镇压反革命运动，至 1953 年上半年结束，全省共镇压各类反革命分子 28.79 万人。

12 月 25 日 根据中央民族政策精神，通道县民族民主联合政府成立。这是全省成立的第一个县级民族地方自治政府。1954 年 5 月 7 日正式成立通道侗族自治县。

本年度 全年生产计划完成较好，农业恢复较快。工农业总产值 23.35 亿元，其中农业总产值 19.20 亿元，工业总产值 4.15 亿元。基本建设投资总额 0.17 亿元。财政收入 2.15 亿元，支出 0.79 亿元。全省长期以来存在的货币贬值、物价飞涨的局面已基本扭转，为经济的顺利恢复和发展创造了条件。

一九五一年

4月18日 省委召开第二次城市工作会议，提出城市工作的基本方针是将消费性城市转变为生产性城市，鼓励兴办工业。

4月—次年7月 进行城市工矿、码头民主改革。

12月—次年8月 在全省党政机关工作人员中开展"三反"运动。次年1月起，又在私营工商业者中开展"五反"运动。

本年度 全省开展了土地改革、抗美援朝和镇压反革命三大运动，进一步激发了群众的积极性。在经济工作中，调动公私力量，开展城乡物资交流，促进了工农业生产，国民经济进一步恢复。工农业总产值27.72亿元，其中农业总产值21.90亿元，工业总产值5.82亿元。基本建设投资总额0.34亿元。财政收入3.15亿元，支出1.12亿元。

一九五二年

2月27日　省委发出《关于城市"五反"问题的规定》。

3月29日　省人民政府部署"推广劳动互助，加强组织起来"的工作，湖南的农业合作化运动全面展开。

4月5日　由湖南、湖北两省承担的荆江分洪工程全面动工。5月，毛泽东题词："为广大人民的利益，争取荆江分洪工程的胜利！"6月20日，工程提前15天全部完工。

10月2日　湖南第一项重要市政建设工程——长沙市五一路（老火车站到湘江东岸）建成通车，全长1500米，宽40米。

12月10日　南洞庭湖整修工程正式开工，翌年3月30日完工。

本年度　工农业总产值34.79亿元，超过了历史最高水平。其中省属工业的生产总值等于1949年的17倍；农业生产已经恢复并超过了历史最高水平。人民生活得到初步改善。对旧的教育科学文化事业进行了改造，各级各类学校学生人数由1949年的206.92万人，增加到290.14万人，其中高等学校在校学生人数由1949年的2566人增加到6275人。全省恢复国民经济的任务胜利完成。

一九五三年

年初 省委、省政府着手编制和执行第一个五年计划，大规模经济建设开始。"一五"计划中，国家 156 项重点工程在湖南有 7 个，694 个限额以上大中型建设项目在湖南有 38 个。全省新建 434 个厂矿企业中，有部属和省属大中型骨干企业 30 个。

6 月 30 日 第一次全国人口普查结束，湖南全省总人口为 3322.7 万人。

10 月 29 日 株洲机车车辆修理厂制造出第一节客车车厢，这种客车是全国少数工厂试制的新型样车之一。

本年度 工农业总产值 36.7 亿元，其中农业总产值 26.60 亿元，工业总产值 10.10 亿元。基本建设投资总额 1.56 亿元。财政收入 4.13 亿元，支出 2.08 亿元。

一九五四年

2月8日 湖南规模最大的棉纺织企业——湘潭棉纺厂开工生产，这是1952年全国动工兴建的6个大型国营棉纺织厂之一。

2月18日 全省第一个高级农业社——南县安福高级农业社（今属大通湖农场）成立，该社有89户、402人，1100多亩耕地。

春夏季 全省各地连降暴雨，80个县不同程度受灾，灾情之严重为百年未遇。洪灾发生后，省委、省政府和各地党政部门采取了紧急措施。省政府向灾区及时发放了救灾款1100多亿元（旧币），调集1.2亿斤粮食运往滨湖灾区。同时发动灾区人民生产自救，动员非灾区人民积极援助。

8月10日—14日 省第一届人民代表大会第一次会议在长沙召开。

8月16日 株洲331厂试制成功中国第一台M-11型航空发动机。

10月18日 发布《关于洞庭湖堤垸修复工程动员令》，11月，成立洞庭湖堤垸修复工程指挥部，12月1日，大规模治理洞庭湖堤垸修复工程全面开工。82万多名民工和1万多名干部投入洞庭湖整治工程，翌年4月15日胜利完工。

本年度 工农业总产值36.34亿元。基本建设投资总额1.55亿元。财政收入4.91亿元，支出2.93亿元。

一九五五年

2月18日—21日 中国人民政治协商会议湖南省第一届委员会第一次全体会议在长沙举行。

12月11日—20日 省委召开对私营工商业改造会议，提出对私营工业、商业和手工业的改造规划。

是年冬和次年春 随着农业合作化的兴起，农业增产运动出现前所未有的高潮。全国水稻丰产劳动模范、省特等劳模李呈桂，省劳动模范南县田启发、醴陵县邓光晋等种双季稻高产的经验被广泛推广。

本年度 国民经济稳定发展，工农业总产值41.01亿元，其中农业总产值28.90亿元，工业总产值12.11亿元。农业获得大丰收。基本建设投资总额1.92亿元。财政收入4.73亿元，支出2.24亿元。人民生活继续有所改善，全省居民平均消费水平为74元。

一九五六年

3月7日 省委发出《关于并乡撤区工作的指示》；5月18日，省人民委员会又发出《关于扩大乡的行政区划和撤销县属区级建制的决定》；到8月，全省共撤销932个县属区。

6月26日—7月6日 中共湖南省第一次代表大会在长沙举行。

10月 全省基本完成对私营商业全行业的社会主义改造，社会主义性质的商业占据整个城乡市场。集体所有的合作社营商业逐渐成为农村市场的领导力量。全省城乡的私营商业全部实现公私合营。

12月15日—24日 省第一届人民代表大会第四次会议召开，大会指出湖南已完成对农业、手工业、资本主义工商业的社会主义改造。

本年度 遭受严重的旱灾。工农业总产值42.85亿元，其中农业总产值28.20亿元，工业总产值14.65亿元。财政收入5.23亿元，支出3.14亿元。

一九五七年

3 月 18 日　省委发布《关于贯彻执行〈中共中央关于 1957 年开展增产节约运动的指示〉的指示》。随后，全省工业、基建、交通等部门广泛地开展了增产节约与先进生产者运动。

9 月 20 日　湘西土家族苗族自治州成立。

本年度　"一五"计划胜利超额完成。全省地方工业与手工业分别提前 13 个月和 1 年零 3 个月完成了"一五"计划。工农业总产值 51.99 亿元，其中农业总产值 35 亿元，工业总产值 16.99 亿元。粮食总产量为 226 亿斤。基本建设五年投资总额超过原计划的 86.3%。在"一五"期间，全省共建成了 400 多座新工厂、矿山。农业生产也达到了"一五"计划所规定的指标。交通运输业、商业和文化教育卫生事业等方面有很大发展。

一九五八年

2月28日 省委发出《关于建立国营林、农、牧、垦殖场的指示》。自 1950 年以来，全省共建立大型国营农场 14 个，其中 1958 年建立的有 10 个。

3月20日、26日 湘潭钢铁厂和涟源钢铁厂先后动工兴建，11 月前后均正式投产，后来分别成为湖南省第一大、第二大钢铁生产基地。

3月 上年秋收以后发起的全省大规模兴修水利运动共完成土石方工程 15 亿立方米，超过"一五"时期水利工程土石方总和近 10 倍。这一年，全省共兴建 7 座大型水库、27 座中型水库、1582 座小型水库。

6月7日—12日 全国血吸虫病防护工作现场会议在湘阴县召开。

12月 株洲机车厂（今中车株机）和湘潭电机厂联合研制的我国第一台干线电力机车下线，填补了我国铁路电力牵引的空白。

是年冬 京广铁路复线武昌至衡阳段启动建设，临湘羊楼司至衡阳段由湖南负责。

本年度 工农业总产值 65.71 亿元，其中农业总产值 33.30 亿元，工业总产值 32.41 亿元。财政收入 10.47 亿元，支出 8.4 亿元。

一九五九年

4月—5月 省委主要领导对湘潭等5个地区的农村人民公社进行实地考察，对"共产风"等"左"的问题提出批评，并开始采取一些纠正的措施。

5月26日 省委发出《关于开展增产节约运动的指示》。同时，省委也采取了恢复与发展日用工业品与手工业品生产、恢复自留地、开放农村集市贸易等措施，以缓解人民群众生活中日益突出的困难。

11月 省委成立了湖南省兴修水利指挥部，并要求各地、县也成立相应的机构，按照"小型为主、社办为主"的方针，突出以水为主的治水、治土、治山的农业基本建设工作。此后，全省广泛掀起兴修水利的热潮，先后修建了柘溪、酒埠江、水府庙、黄材、王家厂、官庄等大型水利工程，部分地区的农业生产条件得到改善。

本年度 工农业总产值73.23亿元，其中农业总产值30.60亿元，工业总产值42.63亿元。在工农业总产值中所占的比重，重工业由11.3%上升到29.8%。基本建设投资总额11.42亿元。

一九六〇年

4月5日 株洲机车车辆厂成功制造出韶山型2号电力机车，标志着我国机车制造工业及电机、电器工业正向世界先进科学水平前进。

5月20日—25日 全省文教战线第一次大规模的群英会在长沙召开。

6月7日 湘黔铁路湘娄段娄邵线胜利建成通车。娄邵铁路的建成，对全省工农业的发展，特别是对邵阳地区的经济建设具有重大的意义。

6月 省委在国民经济极端困难的情况下，批准对235名有代表性的民主人士和高级知识分子给予生活物资的照顾。到年末，照顾对象扩大到2000多人。各地、州、市对部分民主人士和高级知识分子也采取了相应的措施。

9月5日 省委发出《关于进一步加强工业支援农业工作的指示》，要求全省加大工业支援农业的力度，工业要处处为农业生产特别是为粮食生产服务，动员居住在城市和厂矿的家属返乡或就近参加当地的农业生产，加速农机、农具、化肥、农药等的生产和支农工作。这些决定和措施，对恢复发展农业生产起到了积极作用。

年底 国民经济出现严重困难，省委动员全省人民坚决贯彻中央紧急指示，实行生产自救。

本年度 继续推行"大跃进"。工农业总产值74.75亿元，其中工业总产值较上年增长 12.3%，农业总产值较上年降低 13.3%。粮食减产 61.27 亿斤，各种经济作物、副业产品、畜牧、水产品均全面减产。在工业总产值中，重工业增长 27.5%，轻工业降低 5.5%。在各种工业产品中，煤、铁、钢、机床等产量大幅度增加，与人民生活密切相关的轻工产品、小商品严重减产。

一九六一年

1月21日—27日 省委召开工作会议，决定贯彻中央"调整、巩固、充实、提高"的八字方针，对国民经济实行调整。同时在农村开展整风整社，纠正"五风"。

同月 省委召开文教工作会议，推进教学改革工作；11月，省委强调，教育事业的发展必须与经济基础相适应；1963年，全省学校教育工作基本走上正轨。

4月1日—5月15日 刘少奇率中央工作组在宁乡、长沙县农村围绕公共食堂、供给制、粮食、社员住房等问题进行蹲点考察。

本年度 工农业总产值50.56亿元，其中农业总产值22亿元，工业总产值28.56亿元。基本建设投资总额3.93亿元。财政收入8.50亿元，支出9.21亿元，出现新中国成立以来的第一次财政赤字。

一九六二年

1月28日　湖南第一座大型水电站——柘溪水力发电站第一台机组建成发电。

3月　省委总结浏阳一些社队自发推行的多种形式的"联产计酬责任制"经验，派出工作组到黔阳秀建大队搞产量责任制试点，探索农业发展道路。当年秀建大队比上年增产18.1%。秀建大队的经验后来被誉为"秀建道路"。

10月　全省社会主义教育运动大规模展开。1964年以后农村中进行"高标准的社教运动"，又称"四清"运动，城市开展新"五反"运动。

本年度　工农业总产值52.62亿元，其中农业总产值26.20亿元，工业总产值26.42亿元。工业生产发展速度继续放慢。财政收入8.77亿元，支出4.22亿元。

一九六三年

3月5日　《人民日报》发表毛泽东"向雷锋同志学习"的题词。随后，又发表了中央其他领导人的题词。共产主义战士雷锋，湖南望城县人，1962年8月15日不幸因公殉职，年仅22岁。3月13日，省委主要领导在全省学雷锋动员大会上作《响应毛主席号召，向雷锋同志学习》的讲话，要求全省军民学习雷锋共产主义的人生观和世界观，并期望有更多的雷锋式的英雄人物出现。随后湖南同全国一样，在机关、部队、学校、工厂、农村迅速掀起学雷锋的热潮。

10月29日—11月5日　省委主要领导率领各地、市委的主要负责人，到广东参观农业生产，学习经验，并向中央写了报告。12月13日，毛泽东批转李瑞山、华国锋给湖南省委的《关于参观广东农业生产情况的报告》，对湖南的做法予以充分肯定，并向全党发出"加强相互学习，克服固步自封、骄傲自满"的指示。

本年度　工农业总产值52.91亿元，其中农业总产值24.7亿元，工业总产值28.21亿元。基本建设投资总额2.66亿元。财政收入8.09亿元，支出5.01亿元。农业总产值和粮食产量因灾比上年有所下降。

一九六四年

3月9日 省委成立省农田基本建设指挥部，领导长达三年的湖区电排建设大会战。

4月10日 省委、省人委发出关于做好种子工作的指示，提出良种繁育和推广的中心任务是逐步实现良种化、纯种化，要求在5年内使粮食作物良种面积达到80%左右，棉花基本实现良种化，其他经济作物也要努力推广良种，并做好种子的建档，使种子工作尽快走上正轨。5月19日，省委作出决定，向各地推荐水稻、小麦、棉花、油菜等10类农作物共36个优良品种。12月30日，推广了"矮脚南特""农垦58"等矮秆品种。1966年，省委、省政府从江苏、湖北等省调进优质稻种2亿多斤下拨各地，并从江苏、浙江等地请进农民技术员2000多人进行技术指导。

5月15日 省委向全省推广汉寿县小港十三队经营管理经验。该队在发展集体生产中，因事制宜，建立多种多样的包工责任制，做到人人有事做，事事有人管，账目按月清，收入分配好。这种生产责任制有效地改善了经营管理，促进了生产的发展。小港十三队的经验，得到毛泽东的肯定。省委要求各地广泛开展学习小港十三队的群众运动。

6月30日 第二次人口普查工作结束，全省人口为3718.23万人。

9月上旬 全省农村第一批系统社会主义教育运动全面铺开。

本年度 工农业总产值60.48亿元，其中农业总产值28.10亿元，

工业总产值 32.38 亿元。基本建设投资总额 4.13 亿元。财政收入 9.12
亿元，支出 6.88 亿元。

一九六五年

2月下旬 根据中共中央"把卫生工作的重点放到农村去"的指示，省医疗卫生部门从全省城市抽调1391名医务人员，组成180多个巡回医疗队，奔赴农村进行为期6个月的工作，为农民防病治病，并培训不脱产的农村卫生员。9月中旬，又抽调5632名医务人员参加第三批巡回医疗队。

6月28日 省委、省人委作出《关于修建韶山灌区工程的决定》，并成立工程指挥部，省委主要领导任指挥长兼政治委员。韶山灌区整个工程分总干渠、南北干渠和若干条支渠，是湖南第一个大型引水灌溉工程。灌区干渠长240公里，支渠长1186公里。按设计建成后，可使100万亩农田旱涝保收，并能扩大耕地15万—20万亩。7月1日，韶山灌区举行工程开工典礼；次年6月2日，长达179公里的总干渠和北干渠建成通水。南干渠于1969年建成。

本年度 经过5年的调整，全省工农业生产得到恢复和发展。工农业总产值68.20亿元，其中农业总产值29.30亿元，工业总产值38.90亿元。基本建设投资总额5.2亿元。财政收入10.05亿元，支出7亿元。

一九六六年

1月3日 省委常委开会研究湖南"三五"计划建设问题。国家"三五"计划是一个以国防建设为中心的备战计划。根据中央安排，湖南京广铁路以西的怀化、邵阳、常德、湘西自治州等地区的40多个县市被列入三线建设范围，一大批重要的工业项目和军工项目在这些地区建设。

9月15日 省委针对"文化大革命"开始后国民经济各部门受到冲击的情况发出通知，坚持对工农业生产的领导，缓解和减少了运动对经济工作的干扰和破坏。

下半年 桂阳县境内的欧阳海灌区工程等一批重点水利工程开始建设，长沙、衡阳的两个机械厂开始试制手扶拖拉机，并在津市筹建能生产中型拖拉机的省拖拉机厂。

本年度 社会总产值115.28亿元，其中农业总产值32.70亿元，工业总产值47.94亿元。财政收入10.96亿元，支出9.06亿元。

一九六七年

12 月 28 日　湘潭至韶山的铁路竣工。

本年度　工农业总产值 77.38 亿元，其中农业总产值 34.40 亿元，工业总产值 42.98 亿元。财政收入 8.86 亿元，支出 8.31 亿元。

一九六八年

4月8日 湖南省革命委员会成立。至9月17日，全省各地市县都成立了革委会。随后开始整党建党工作。

本年度 工农业总产值与上一年相比有所下降。财政收入6.92亿元，支出6.24亿元。

一九六九年

9 月 19 日 省革委会发出《关于目前农村经济政策若干问题的意见（试行稿）》，《意见》在当时条件下对稳定湖南农村和发展农业起了积极作用。

12 月 24 日 省革委会成立战备办公室。全省三线建设提到重要议事日程，一大批国防工业和民用项目从下半年起陆续上马，湘黔、枝柳铁路开始修建。

本年度 工农业总产值84.03亿元，其中农业总产值36.20亿元，工业总产值47.83亿元。财政收入9.81亿元，支出9.34亿元。

一九七〇年

1月28日 省革委会召开全省"准备打仗，组织全面跃进誓师大会"。会议要求把全省人民的主要注意力和财力、物力、人力高度集中到战备动员、军工生产和重工业方面来，加强三线建设。这在一定程度上改变了湖南工业的布局，加速了西部地区的开发，增强了本省的经济实力。

4月 根据毛泽东对湖南提出指示"十年建成工业省"，省委、省革委会领导全省开始发展"五小工业"，决定在当年对全省23个重点工程项目，组织力量打"歼灭战"。

10月1日 湖南电视台建成开播，同日播出国庆活动实况。

10月 装机容量40万千瓦的凤滩水电站动工兴建。当年，在湘西开工的属于三线建设的大中型项目还有资江氮肥厂、省维尼纶厂等10余个。

11月19日 省革委会发出《关于进一步深入开展"农业学大寨"群众运动的指示》。当年，湖南农业继续稳定发展，粮食总产量比上年增长一成以上，达到128.1亿公斤，工业生产发展也比较好，主要工业产品产量和财政收入都完成年度计划。

本年度 工农业总产值106.94亿元，其中农业总产值38亿元，工业总产值68.94亿元。财政收入14.95亿元，支出10.84亿元。

一九七一年

4月1日 省委发出给全省工交战线工人、干部和技术人员的一封信，号召进一步开展"工业学大庆"，学本省先进典型湘西钨矿、长沙向东五金电器厂等单位经验的活动。

5月7日 长岭炼油厂建成投产。该厂1965年开始建设，是全国重点炼油厂之一。同日，湖南第一家大型石油化工企业——岳阳石油化工总厂建成投产。

本年度 由于三线建设的开展，国家投资大量增加，全省经济形势保持较好的局面。社会总产值166.2亿元。财政收入17.7亿元，支出12.33亿元，在支出中用于基本建设的占44%。

一九七二年

2月中旬　省革委会召开全省科学技术工作会议，推介袁隆平杂交水稻研究，对于有所发明创造的"革命知识分子""给予表扬和鼓励"。会议号召大力开展科学技术研究工作，认真落实党的知识分子政策。

6月19日　省委就长沙马王堆汉墓出土文物问题向中央和国务院写出报告。7月，国家有关方面向国内外公布湖南省长沙市郊的马王堆出土一座距今2100多年的西汉早期墓葬。

8月　湖南省基本建设领导小组办公室"三废"（废渣、废水、废气）治理组成立，全省环境治理开始起步。湖南成为全国最早设立环保机构的省份之一。

9月30日　长沙湘江大桥建成通车。在建桥过程中，省会军民共参加了70万个义务劳动日。

本年度　社会总产值182.82亿元。全省人均消费水平为123元，其中农民人均消费水平为102元。

一九七三年

6月4日—23日 省委召开三届五次全体（扩大）会议，传达中央有关召开党的十大的各项文件，讨论10年建成工业省计划（草案）和1973年国民经济计划的主要指标。鉴于前几年经济建设中农轻重比例关系不合理，暴露的问题日益严重，会议决定在基本建设中增加对农业、轻工业以及文教卫生事业的投资。

本年度 工农业总产值168.53亿元，其中农业总产值67.90亿元，工业总产值100.63亿元。财政收入21.72亿元，支出15.07亿元。

一九七四年

7月 国务院副总理王震到湖南视察工作，对时任城步县委主要领导作出明确指示，要求办好南山牧场。县委根据王震的指示，将南山农场正式改名为城步苗族自治县南山牧场。在王震的关怀下，1979年10月，南山日处理10吨鲜奶的现代化乳品加工厂建成投产。2016年7月，南山国家公园体制试点实施方案获国务院批复，成为湖南首个国家公园试点区。

9月19日 湘黔铁路全线通车。该铁路在湖南境内自金竹山以西356公里，自1970年10月动工以来，经过10万员工和40万民兵2年的奋战，于1972年10月基本竣工。原有株洲至金竹山段是1962年修成通车的。

本年度 工农业总产值152.96亿元，其中农业总产值69.30亿元，工业总产值83.66亿元。财政收入13.89亿元，支出15.40亿元。

一九七五年

5月4日 铁道部部长万里和湖南省委负责人在株洲田心机车厂召开全厂职工大会,严厉批评这个厂党委的"软、懒、散"作风和厂内派性泛滥情况,并当场宣布将问题严重的派性头子调离审查。省委于5月7日和6月5日两次召开全省广播大会,通报铁道部部长万里在株洲田心机车厂进行整顿的情况,接着又召开地市委工业书记会议,部署和交流整顿工作,强调全省要讲团结,讲大局,讲党性,批判派性,坚决把国民经济搞上去。

9月10日 湘潭大学举行开学典礼。该校成立于1958年,1959年停办,由省委报请国务院批准同意恢复,这是湖南第一所综合性大学,1977年恢复高考后成为第一批全国重点大学。

10月20日—30日 中国农林科学院在长沙通过杂交水稻鉴定。以袁隆平为首的科研人员经过多年努力,终于获得杂交水稻培育和试验推广的成功。国务院决定迅速扩大试种和大量推广杂交水稻。在党中央、国务院支持下,省委、省革委成立杂交水稻推广领导小组,确定"一年试种,两年大面积推广"的部署。全省组织1万多人到海南、广西借田繁殖制种。翌年全省杂交稻种植126万亩,比常规稻增产近30%。此后,籼型杂交水稻在国内逐步大面积种植,对提高粮食产量起了重要作用,为全国乃至世界的农业发展作出了贡献。

11月 湘潭钢铁厂二号高炉、涟源钢铁厂第三炼钢车间建成投产。这两项工程是1972年动工兴建的十大建设项目中的重点,它们的投产使湖南省炼钢炼铁能力增长一倍。

本年度 工农业总产值177.84亿元，其中农业总产值72.50亿元，工业总产值105.34亿元。基本建设投资总额12.87亿元。财政收入18.27亿元，支出15.92亿元。

一九七六年

1月　位于津市的湖南拖拉机厂基本建成，开始批量生产可用于水田作业的东方红－30型轮式拖拉机。此前，湖南只有衡阳拖拉机厂和株洲拖拉机厂生产2型的手扶拖拉机。为实现"到1980年基本实现农业机械化"的目标，湖南省以很大力量组织农机生产大"会战"，使"手拖"和"中拖"的生产能力有所发展。

本年度　工农业总产值177.22亿元，其中农业总产值72.70亿元，工业总产值104.52亿元。基本建设投资总额10.88亿元。财政收入16.02亿元，支出15.85亿元。

一九七七年

1月4日 省委召开 50 万人大会，传达贯彻全国第二次"农业学大寨"会议精神，掀起普及大寨县运动。"农业学大寨"对推动农田水利建设起到了一定的积极作用，但也造成一些形式主义，挫伤了农民的生产积极性。

1月10日—25日 全省"工业学大庆"会议在长沙举行。大会树立了 25 个学大庆的红旗单位、300 多个先进单位，讨论加快建设工业省的步伐问题，制定第五个五年计划期间"学大庆"、普及大庆式企业的规划和实现规划的具体措施，布置 1977 年的工业生产任务。6 月 11 日至 19 日，中共湖南省委三届八次全体（扩大）会议在长沙召开，传达全国"工业学大庆"会议精神，讨论全省"工业学大庆"的具体规划。

10月12日—18日 中共湖南省第四次代表大会在长沙召开。会议提出搞好整党整风，关心群众疾苦；为建成社会主义的工业省而奋斗；大力发展社队企业；恢复和建立科研机构，调动科研人员的积极性等。

10月 省委召开全省高校和中专招生工作会议，传达贯彻恢复高考的全国招生改革工作会议精神。当年全省通过高考，共招收高校新生 11750 人，工人、农民、干部、知识青年占录取总数的81.37%。

11月8日—18日、11月9日—16日 自 1964 年中断的省政协会议和省人大会议分别召开。

11月中旬　10万民工参加的岳阳铁山灌区动工兴建。灌区设计蓄水量5.4亿立方米，可灌溉近90万亩耕地，兼有垦荒、防洪、拦沙、发电、养殖、改善城市引水等功能。

本年度　工农业总产值198.24亿元，其中农业总产值73.80亿元，工业总产值124.44亿元。财政收入20.88亿元，支出16.41亿元。

一九七八年

4月8日 省委召开省会军民大会，传达全国科学大会精神。会议提出要继续抓紧科研机构的整顿工作，建设一支好的科技队伍。10月31日，又在长沙召开全省科学大会，表彰和奖励优秀科技成果、先进集体和先进个人，修订湖南省科学技术八年规划。

5月11日 《光明日报》刊登题为《实践是检验真理的唯一标准》的特约评论员文章，引发一场全国性的真理标准问题的大讨论。5月21日，《湖南日报》转载了这篇文章。

5月 湖南大型水电工程——凤滩水电站初步建成。同时，凤滩至常德22万伏送变电工程胜利建成投产。

6月14日—20日 全省教育战线先进单位、先进工作者代表大会在长沙召开。大会确定了深入揭批"四人帮"、整顿好学校，大力提高教育质量、认真办好重点学校，积极开展科学研究、搞好教师队伍建设，加强党对教育工作的领导等任务。

6月23日 湘乡县委就农民负担过重问题向湘潭地委和省委报告，列举农民负担过重的表现及县委为减轻农民负担采取的措施。中共中央将湘乡县委的报告批转全国，要求各地参照湘乡经验，根据当地情况认真解决好这一问题。

12月18日—22日 党的十一届三中全会在北京召开。24日，省委发出通知，要求全省各级各部门认真学习、深刻领会、贯彻落实党的十一届三中全会精神，把工作重心转移到经济建设上来。

12月26日 全长885公里，经过湖南省常德、湘西自治州、怀化三地区的枝柳铁路建成通车。

本年度 工农业总产值224.18亿元，其中农业总产值81.40亿元，工业总产值142.78亿元。财政收入27.98亿元，支出24.46亿元。

一九七九年

1月11日　中共中央发出《关于加快农业发展若干问题的决定（草案）》。本月，省委召开常委扩大会议，讨论贯彻执行《关于加快农业发展若干问题的决定（草案）》和《农村人民公社工作条例（试行草案）》的措施，强调在对农民进行社会主义思想教育的同时，必须在经济上关心农民的利益，在政治上保障农民的民主权利；切实保护公社、大队、生产队的所有权和自主权。

1月12日—16日　省委四届二次会议召开。会议传达学习了党的十一届三中全会和中央工作会议精神。认真学习了十一届三中全会公报和中央领导人的讲话及中央关于农业问题的两个文件，进行了讨论，开展了批评与自我批评。会议就过去历次运动和"文革"中一些较大的遗留问题作出了决定。

5月7日—18日　省委召开工作会议，传达中共中央工作会议精神，学习邓小平等中央领导人关于调整国民经济和思想理论问题的讲话。会议决定：集中主要精力把农业搞上去，加快轻工业发展步伐，加强煤电能源建设，压缩基本建设战线，搞好工业企业的调整，在发展生产的基础上逐步改善人民生活。

10月　涟源钢铁厂、株洲冶炼厂等60个企业首批进行扩大自主权的试点，改变过去按工资总额、标准工资提取职工福利基金和奖励基金的办法，实行利润留成；增加发展生产基金，把企业的经济利益、经济效果和经济责任结合起来，把国家、企业、职工的利益结合起来。

本年度　社会总产值 322.23 亿元，其中农业总产值 86.51 亿元，工业总产值 163.64 亿元。财政收入 28.3 亿元，支出 25.1 亿元。国民收入 157.27 亿元，比上年增长 9.5%。

一九八〇年

1月1日　国务院正式发文，批准撤销湖南省革命委员会，成立湖南省人民政府。

5月　省委邀请20位社会科学和自然科学方面的专家，同省、地、市委负责人一起座谈，共同总结湖南30年经济建设的经验教训，研究如何发挥湖南优势，加快经济建设步伐。

9月25日　中共中央就控制我国人口增长问题向全体共产党员、共青团员发出公开信。10月8日，省委就学习公开信发出通知，要求各级党委认真组织学习，广泛进行宣传，切实抓紧抓好这项工作；全体党员、团员要带头只生一个孩子；各地要加强这方面的思想教育，防止强迫命令和违法乱纪的事发生。

12月3日—8日　中共中央总书记胡耀邦到湖南视察工作，先后到郴州、零陵两地区听取情况汇报，并就各方面工作进行指导。

12月　全省有8项重点工程建成投产，即鲤鱼江电厂7号机组、长岭炼油厂电站、岳阳纸厂电站、省送变电工程、湘潭纺织印染厂涤棉印染扩建工程、湘乡水泥厂3号窑、株洲石油库、沅水上游林区运输线路。

本年度　社会总产值246.76亿元，其中工农业总产值288.9亿元。国民收入166.96亿元。主要农产品产量都比1975年有较大增长。

一九八一年

1月31日—2月1日 中共中央总书记胡耀邦在北京主持召开湖南工作座谈会。会议听取湖南省委工作汇报。会后形成的《中共中央湖南工作座谈会纪要》，对湖南工作起了很大推动作用。

6月6日 国家科委、国家农委在北京联合召开籼型杂交水稻特等发明奖授奖大会，以袁隆平为代表的科研协作组获中华人民共和国成立以来第一个特等发明奖。

7月14日—27日 省委召开全省三级干部会议，传达贯彻党的十一届六中全会精神。会议就如何学习贯彻《关于建国以来党的若干历史问题的决议》作了布置，强调要深刻理解《决议》的基本指导思想，坚信党中央，紧密团结在党中央周围，振奋精神，把湖南的工作搞上去。

10月28日—11月7日 全省农村工作会议在沅江县、华容县召开。会议传达贯彻全国农村工作会议精神，结合学习华容、沅江在建立和完善农村生产责任制、调整农业内部结构、大力发展多种经营、狠抓农业科学技术的推广应用等方面的经验，部署完善和稳定农业生产责任制等工作。

本年度 工农业总产值 313.51 亿元，其中农业总产值 126.36 亿元，工业总产值 187.15 亿元。固定资产投资总额 33.45 亿元。财政收入 31.4 亿元。社会商品零售总额 101.18 亿元。进出口总额 4.35 亿美元。

一九八二年

1月1日 中共中央批转《全国农村工作会议纪要》（1982年中央一号文件）。《纪要》指出：我国农业必须坚持社会主义集体化的道路，土地等基本生产资料公有制是长期不变的，集体经济要建立生产责任制也是长期不变的。"一号文件"的下发，使广大农民群众欢欣鼓舞，湖南也开始放手发展农业生产责任制。到1982年下半年，全省51.5万个生产队中，包干到户的占90.18%，包产到户的占2.75%，其余队到冬天也大都实行"双包"责任制。到1983年底，全省实行包干到户的生产队占生产队总数的99.8%。

1月8日—17日 中共湖南省委四届五次全体（扩大）会议在长沙召开。会议围绕1982年总的工作方针进行讨论。会议认为，全省工作主要是继续执行在经济上实行进一步调整，政治上实现进一步安定的方针；完善农业生产责任制；以提高经济效益为中心，对企业实行全面整顿；搞好科技成果的推广应用和技术攻关；同时把精神文明建设这件大事抓好，以争取工农业总产值有一个新的增长速度，社会治安、社会风尚和党风有决定性好转。

2月22日 省委召开各地、市、县委和有关部门负责人参加的电话会议，部署3月份开展第一个"全民文明礼貌月"活动。会议指出，中央书记处同意把每年3月定为"全民文明礼貌月"，这是把学习雷锋的活动和"五讲四美"活动进一步制度化、群众化的有力措施，全体共产党员、共青团员和国家干部，尤其是各级领导干部、领导机关在文明礼貌月中要以身作则，并采取多种形式宣传发动广大干部和群众，突出解决环境卫生、公共秩序、服务质量方面的"脏""乱""差"问题。从3月1日起，"全民文明礼貌月"活动在全省城乡广泛开展。

9月1日—11日 中国共产党第十二次全国代表大会在北京举行。邓小平在致开幕词时提出，把马克思主义的普遍真理同我国的具体实际结合起来，走自己的道路，建设有中国特色的社会主义。9月21日，中共湖南省委四届七次全体（扩大）会议在长沙召开，传达、学习和贯彻党的十二大精神。会后，在工作实践中，省委逐渐加深了对"建设有中国特色的社会主义"这一重大命题的认识。

9月15日—11月30日 省、地、县联合组成的体制改革工作队，在浏阳县的八个公社进行人民公社体制改革试点。这次改革的指导思想是通过人民公社体制改革，政社分设，使基层党的建设、政权建设以及经济工作进一步加强。1984年2月8日，省委、省政府发出《关于实行政社分开、建立乡政府的通知》。到1984年11月底，全省政社分设工作全都完成。全省共建立乡、镇人民政府3599个。

9月25日 国务院批准将原来的张家界林场正式命名为"张家界国家森林公园"。这是中国第一个国家森林公园。

本年度 工农业总产值348.48亿元。固定资产投资总额40.18亿元。财政收入30.33亿元。社会商品零售总额112.4亿元。进出口总额4.27亿美元。

一九八三年

4月25日—5月4日 省六届人大一次会议在长沙举行。会议审议和通过了省人民政府工作报告,审议和批准了湖南省经济和社会发展的第六个五年计划。

8月 省委布置在全省范围开始严厉打击刑事犯罪斗争,至1986年,先后进行了三次大的战役,有效地遏制了社会治安恶化的趋势。

9月20日—25日 全省普教工作会议召开。会议指出要进一步提高党政领导对发展教育事业的重要性和紧迫性的认识,真正把教育列入自己的重要议事日程。10月29日,省委、省政府又发出《关于加强和改革普通教育的决定》。

12月5日 《光明日报》最早报道株洲电子所改革。该改革被作为科技体制改革的方向,写进1984年的国家政府工作报告之中。

12月6日 由中国人民解放军国防科技大学研制成功的中国第一台亿次巨型计算机——"银河–Ⅰ"计算机在长沙通过国家鉴定,填补了国内巨型计算机研制的空白。

本年度 工农业总产值379.31亿元,其中农业总产值158.16亿元,工业总产值221.15亿元。固定资产投资总额55.66亿元。财政收入29.27亿元。社会商品零售总额124.9亿元。进出口总额4.57亿美元。

一九八四年

1月9日 中共中央总书记胡耀邦视察湖南，指出：要把思想统一到党的十二大方针路线上来；要清醒地认识到"左"与右的问题；湖南的经济工作是个中游水平，要鼓足干劲，不要忘记抓经济工作；工业一要讲效益，二要讲速度，要抓技术改造，抓企业管理，抓重点建设；农业要放开手脚，放手发展多种经营，把流通搞活。

8月起 湖南省实行第二步利改税，即从利税并存过渡到完全以税代利，税后利润全部留给企业按规定自行使用。与此同时，省政府确定，凡固定资产原值在200万元以下、年利润在20万元以下的小型国营工业企业，可通过签订承包合同的方式，实行"全民所有，集体经营，国家征税，自负盈亏"，让企业独立经营，自谋发展。

11月4日—12日 省委召开三级干部会议，传达贯彻党的十二届三中全会精神，学习讨论《中共中央关于经济体制改革的决定》等文件。强调当前各级党委和政府要把经济体制改革作为自己的中心任务，切实抓紧抓好；要坚持实事求是的思想路线，把中央规定的改革原则同本地区本单位的实际密切结合起来，创造性地贯彻中央的《决定》；改革要坚决而又有秩序地进行，求得稳步协调发展。在经济体制改革的同时，还要抓好经济建设、整党工作和进一步调整各级领导班子。

本年度 工农业总产值426.32亿元。固定资产投资总额60.54

亿元。财政收入 32.85 亿元。社会商品零售总额 142.08 亿元。进出口总额 4.62 亿美元。

一九八五年

1月15日—24日　省委召开全省农村工作会议，传达贯彻中共中央、国务院《关于进一步活跃农村经济的十项政策》和全国农村工作会议精神。会议就如何贯彻中央文件，加快湖南省农业总产值翻番步伐的问题提出意见：要求把握大好形势，坚定提前翻番的信心；牢固树立商品经济观念，进一步搞活农村经济；按照市场需要，大胆调整农村产业结构，尊重科学技术，提高农业现代化水平；扩大城乡经济交往，走城乡协调发展的路子。

6月12日—19日　中共湖南省第五次代表大会在长沙召开。会议作《解放思想，锐意改革，团结奋斗，振兴湖南》的报告，提出今后的任务：持续稳定协调地发展经济；认真搞好以城市为重点的经济体制改革；加强社会主义精神文明建设；发展社会主义民主，健全社会主义法制；加强新时期党的建设。

7月1日—9日　省六届人大三次会议在长沙举行。政府工作报告《坚持改革　加快振兴湖南经济》提出：努力完成当年的国民经济计划；坚定不移地搞好经济体制改革；加快发展科学技术和教育事业；认真抓好精神文明建设。

11月11日—15日　全省科技工作会议在长沙召开。会议结合实际学习了《中共中央关于科学技术体制改革的决定》，讨论、修改省委、省政府贯彻中央《决定》的意见，总结交流科技体制改革的经验。11月22日，省委、省政府就贯彻《中共中央关于科学技术体制改革的决定》提出八条意见：一、坚决贯彻经济建设必须依靠科学技术进步，科技工作必须面向经济建设的战略方针。二、改革拨款制度，增加科技投资。三、开拓技术市场，疏通技术成果流向生产的渠道。四、促进科研、教育、设计、生产联合，强化企业技术吸收与开发能力。五、建立健全农业科研、示范、推广相结合的技术开发体制。六、进一步简政放权，搞好科研机构的改革。七、造成人才辈出、人尽其才的良好环境，充分调动科技人员的积极性。八、加强领导，各方配合，搞好科技体制改革。

本年度 "六五"计划最后一年，全省改革取得重大突破，经济工作取得较好成绩。改革的重点由农村转向城市。围绕搞活企业和流通，发展有计划的商品经济，发挥城市的中心作用的城市经济体制改革全面展开；农村实施以改革农产品统派购制度、调整农村产业结构、发展农村商品经济为主体的第二步改革；科技、教育体制改革也初步展开。全年社会总产值634.62亿元。国民收入300.84亿元。固定资产投资总额83.52亿元。财政收入39.19亿元。

一九八六年

4月9日 省委、省政府发布《关于改革和加强农村卫生工作的决定》。《决定》指出，农村卫生工作要贯彻预防为主的方针；将乡镇卫生院下放给乡镇政府主管；加强农村医疗卫生网的建设；发展县卫生职业技术学校，加强农村医疗卫生人才培养基地建设；加强医风医德的培养和建设。各地认真贯彻这个《决定》，到年底，全省有 2000 多所乡镇卫生院移交乡镇政府主管，创建了 31 所县中等卫生职业技校，集资 3700 多万元，重点建设 79 个妇幼保健站、卫生防疫站和用水改水设施，农村又有 130 多万人喝上了清洁卫生水。

4月19日 省政府发出《关于增强大中型国营工业企业活力若干问题的决定》。

5月21日—31日 省六届人大四次会议在长沙举行。大会原则批准《湖南省国民经济和社会发展第七个五年计划》。《计划》提出，"七五"期间要继续推进经济体制的全面改革，保持经济持续稳定增长，改善城乡人民物质文化生活，重点加强农业、能源、交通和短线原材料工业、科技教育。

6月26日—7月1日 全省贫困地区工作会议在吉首市召开。会议提出从改革入手，启动内部活力，用 3 年时间使贫困地区面貌有明显变化，即群众的温饱问题得到解决，生产条件有所改善，人民健康水平和文化素质有所提高。

12 月 5 日　中共湖南省委五届二次全会在长沙举行。全会根据党的十二届六中全会通过的《中共中央关于社会主义精神文明建设指导方针的决议》精神，讨论制定了《中共湖南省委关于"七五"期间加强社会主义精神文明建设的若干措施》，并于 9 日在《湖南日报》全文刊登。

本年度　社会总产值 732.5 亿元，其中工业总产值 591.56 亿元。国民生产总值 392.64 亿元。国民收入 341.51 亿元。固定资产投资总额 97.76 亿元，其中更新改造投资的比重占 41.2%。社会商品零售总额 204 亿元。财政收入 47.6 亿元。全省年末银行存款余额 157 亿元，比上年增加 37 亿元。

一九八七年

5月13日　省委、省政府批转关于涟源钢铁厂、岳阳起重电磁铁厂等7个国营企业实行承包经营责任制的调查报告，指出，实行承包经营责任制是深化企业改革、调动企业和职工积极性、挖掘企业内部潜力、推动增产节约的有效办法，各地要认真总结经验，把在国营企业中实行多种形式的承包经营责任制积极地、有步骤地推向前进。这一年，全省国营企业实行多种形式的承包，小型企业全部实行承包或租赁。承包企业的经济效益普遍提高，全省预算内工业企业总产值、实现利润、上缴税收分别比上年上升14.9%、10.93%和7.07%。

7月10日　省委、省政府批转省农经委《关于完善双层经营，稳定家庭联产承包制的报告》。《报告》认为，在农村进一步改革中，必须在稳定家庭联产承包制的基础上做好完善双层经营的工作。完善双层经营的措施是继续稳定承包关系，加强承包合同的管理，完善家庭联产承包责任制；同时，加强统一经营，充分发挥乡村合作组织的生产服务、管理协调、资产积累和资源开发职能，使家庭经营与统一经营两个层次相互依托，相互促进，共同发展。

10月25日—11月1日　中国共产党第十三次全国代表大会在北京举行。大会通过了《沿着有中国特色的社会主义道路前进》的报告。报告阐述社会主义初级阶段理论，提出党在社会主义初级阶段的基本路线。11月3日，出席党的十三大的湖南代表团在北京研究传达贯彻党的十三大精神问题，动员广大党员和全省人民为实现党的十三大提出的各项任务而共同奋斗。

本年度 社会总产值881.1亿元，其中农业总产值253.39亿元，工业总产值456.74亿元。国民生产总值469.44亿元。国民收入401.2亿元。社会商品零售总额242.88亿元。这一年因水稻面积调减过多，加上灾害频繁，全年粮食产量为2593.7万吨，减少1.4%。乡镇企业总收入185.83亿元，增长36.9%。

一九八八年

5月11日 国务院批复省政府报送的《关于加速湖南开放开发的请示》，原则同意加速湖南开放开发的8条措施。同意湘南包括郴州、零陵、衡阳3地市作为由沿海向内地改革开放的过渡试验区，并实行一些过渡政策和灵活措施。

6月15日 全省第一个50万伏超高压送变电工程——葛（洲坝）株（洲）工程全面投产。

7月18日—21日 省委五届六次全会在长沙举行。会议提出，要继续开展生产力标准的讨论，联系改革开放和发展商品经济的实际，把大家的思想行动统一到一切为了发展社会生产力上来。要进一步深化改革，采取措施控制物价大幅度上涨的势头，制止乱涨价，严惩"官倒"；企业改革要围绕提高经济效益，抓好完善和发展企业内部经营机制以及各方面的配套改革；农村改革要进一步完善双层经营责任制；深化科技体制改革的中心任务是进一步放活科技人员和科研单位的政策；有领导、有步骤地抓好政治体制改革，重点是廉政工作和民主法制建设；要加强党的基层组织建设，充分发挥党员在改革和建设第一线的作用。

9月26日—30日 中共十三届三中全会召开。全会提出治理经济环境、整顿经济秩序、全面深化改革的方针。10月，省委召开五届七次（扩大）会议，传达中央精神，根据湖南的实际，研究和部署了治理整顿措施，并迅速付诸实施。

本年度　社会总产值1107.96亿元，其中工农业总产值884.86亿元。国民生产总值584.07亿元。国民收入495.03亿元。乡镇企业总收入244.7亿元。固定资产投资总额140.04亿元。财政收入56.54亿元。社会商品零售总额316.24亿元。进出口总额8.3亿美元，增长11.8%。

一九八九年

6 月 24 日 江泽民在中共十三届四中全会上讲话指出，在对待党的十一届三中全会以来的路线和基本政策这个最基本的问题上，要明确两句话：一句是坚定不移，毫不动摇；一句是全面执行，一以贯之。6 月 28 日—29 日，省委举行五届八次全体（扩大）会议，传达党的十三届四中全会精神，要求把全体党员和全省人民的思想统一到四中全会精神和邓小平重要讲话上来。

8 月 29 日 黄花机场建成通航。

11 月 6 日—9 日 中共十三届五中全会召开。全会通过《关于进一步治理整顿和深化改革的决定》。11 月 24 至 26 日，省委五届九次全体（扩大）会议在长沙召开，传达学习党的十三届五中全会精神，统一思想，研究湖南实行治理整顿和深化改革的问题。会议确定湖南治理整顿的主要目标是，用 3 年或者更长一些时间，努力缓解社会总需求超过总供给的矛盾，逐步减少通货膨胀，使国民经济基本转向持续、稳定、协调发展的轨道，为到本世纪末实现国民生产总值翻两番的战略目标打下基础。

12 月 1 日 省委印发《关于在农村深入开展社会主义思想教育的决定》。《决定》要求从 1990 年起，用 3 年时间，在全省农村开展一次系统的社会主义思想教育。

12 月 3 日 省七届人大常委会第十二次会议通过《湖南省计划生育条例》。《条例》提出，生育必须按计划进行，一对夫妻只生育一个孩子，符合条例规定经过批准可以生育第二个孩子，禁止生育第三个孩子。

本年度 国民生产总值 640.8 亿元。国民收入 540.31 亿元。工农业总产值 1017.57 亿元。固定资产投资总额 114.41 亿元。财政收入 68.86 亿元。社会商品零售总额 341.99 亿元。全省社会商品零售物价总指数比上年的 25.9% 低 7.8%，实现年初提出的控制目标，受到国务院通报表彰。

一九九〇年

3月29日　省政府转发《关于进一步发展村级经济的报告》，要求各地进一步提高认识，增强发展村级集体经济的责任感和紧迫感。

10月8日—12日　中共湖南省第六次代表大会在长沙召开。大会作了《坚定信心，团结进取，为湖南的长期稳定和发展而奋斗》的报告，提出5年奋斗目标。

11月5日　省委、省政府召开电话会议，贯彻落实党中央、国务院有关坚决制止"三乱"（即乱收费、乱罚款、乱摊派）、减轻农民负担的精神。要求全省各部门、各单位统一思想，提高认识，集中力量打好制止"三乱"的攻坚战。16日，省委、省政府发出《关于坚决制止乱收费、乱罚款和各种摊派的通知》。12月24日，全省制止"三乱"工作汇报暨新闻发布会举行。指出，我省治理"三乱"初见成效，截至12月22日，全省取消46种不合理的收费项目，减轻各方面负担近3000万元。12月28日，省第七届人大常委会举行第二十次会议，通过《关于切实贯彻执行〈湖南省禁止向农民乱收费乱派款的规定〉的决议》。

11月23日　国务院批复，怀化山区开放开发试验区列为全国农村改革试验区，重点探索山区综合开发与改革的路子。11月30日至12月5日，省委领导深入怀化地区的靖州、洪江、黔阳、怀化等县市调查研究，了解山区综合开发情况。

本年度　"七五"计划胜利完成。国民生产总值 702.64 亿元。财政收入 70.07 亿元。在国民生产总值中，第三产业有了较大发展，在一、二、三产业中的比重从 21.5% 上升到 24.7%。农业总产值 397.42 亿元，5 年内每年平均递增 3.2%。工业总产值 712.67 亿元，5 年内每年平均递增 11.3%。工业总产值在全国居第十三位。固定资产投资结构改善，全年 24 个重点项目完成投资 17.2 亿元，超过历史上任何一年。

一九九一年

1月10日—13日　省委六届二次全会在长沙召开。会议传达学习党的十三届七中全会精神，讨论提出湖南省国民经济和社会发展十年规划和"八五"计划基本思路。确立今后十年湖南的主要奋斗目标是：实现国民生产总值在 1980 年的基础上翻两番，人民生活达到小康水平，力争国民经济的整体实力和效益进入全国"十强"。会议讨论形成《湖南省十年规划和"八五"计划基本思路》。

1月17日　省政府批准《〈中国残疾人事业五年工作纲要〉湖南省实施方案》。方案对残疾人的康复治疗、劳动就业、教育和丰富残疾人的精神生活等问题作出规划。全省残疾人达 277 万余人，占全省总人口的 4.87%。省政府提出：发扬社会主义人道主义精神，搞好残疾人工作，是各级政府、全社会义不容辞的责任。

1月18日　中国自主开发的第一代彩电——韶峰牌 51 厘米（20 寸）立式遥控彩色电视接收机在湖南问世，中国电视机机芯电路照搬国外技术的历史从此结束。

3月6日　成立于 1988 年的长沙科技开发试验区被国务院批准为国家高新技术产业开发区，成为全国首批 27 个国家高新技术产业开发区之一，9 月更名为长沙高新技术产业开发区。

3月11日—18日　中共中央总书记、中央军委主席江泽民到湖南考察工作。在省委领导陪同下，江泽民瞻仰了毛泽东故居、刘少奇故居、任弼时故居，先后到韶山、湘潭、株洲、岳阳等地考察，视察江南机器厂、国防科技大学等单位，参观雷锋纪念馆、岳麓书院。考察中，江泽民强调要集中精力把国民经济搞上去，要注意讲政治，加强政治理论学习和研究，搞好农村社会主义思想教育，搞好科技兴农，搞活国营大中型企业。

3月17日 国家"七五"计划重点工程华能岳阳电厂第一台36.2万千瓦火力发电机组并网成功。

4月20日—29日 省七届人大四次会议在长沙举行。会议审议通过《湖南省国民经济和社会发展十年规划和第八个五年计划纲要》，确定在大力提高经济效益和优化经济结构的基础上，国民生产总值按不变价格计算，到20世纪末比1980年翻两番；人民生活从温饱达到小康；在全国的统一部署下，初步建立适应以公有制为基础的社会主义有计划商品经济发展的、计划经济与市场调节相结合的新经济体制和运行机制；社会主义精神文明建设达到新的水平，社会主义民主和法制建设进一步健全。

5月10日—13日 省委、省政府召开全省乡镇企业工作会议，研究部署"八五"期间加快乡镇企业发展的措施。会上《大力发展乡镇企业，全面振兴农村经济》的报告要求，"八五"期间，全省乡镇企业年平均增长速度要保持15%，到1995年总产值达到500亿元，在1990年的基础上翻一番，其中工业产值占比达到60%—70%。5年时间中，新安排农村剩余劳动力200万人，到"八五"末，全省农村人口平均从乡镇企业得到的收入增加200元。6月8日，省委、省政府印发《关于进一步加快乡镇企业发展步伐的决定》。

8月28日 省政府发出《关于加快城镇住房制度改革的通知》，提出我省"八五"期间城镇住房制度改革的目标是：所有城镇都要实行以提高租金，出售公有住房，组织职工个人集资、合作统建住房，建立住房基金，加强房地产管理为主要内容的改革；公有住房租金要逐步提高到能够补偿维修费和管理费，力争达到按维修费、管理费、折旧费3项因素计算的标准。要求长沙、衡阳、株洲、湘潭、岳阳、邵阳6市市区在1991年陆续出台房改方案；1993年前，全省所有城镇房改方案分批出台。

9月3日—5日 全省扶贫开发工作会议在吉首举行，总结交流"七五"时期扶贫开发的经验，研究部署"八五"时期扶贫开发任务，并确定相应的政策措施。省委、省政府制定"八五"期间"确保1995年全省贫困地区稳定地解决温饱，一部分贫困县实现脱贫"的总目标。

10月1日 省委、省政府印发《关于科技兴湘的决定》，以贯彻落实党中央提出的把经济建设转移到依靠科技进步和提高劳动者素质的轨道上来的重大战略决策，大力加强科技工作，推动全省国民经济和社会发展"八五"计划与十年规划的顺利实施，全面振兴湖南。《决定》后附《关于推进科技兴湘的若干政策规定》。

10月5日—7日 全省科技兴湘大会在长沙举行，设立并颁发全省最高综合性科技奖项"科技兴湘奖"。6日，全省暨省会首届科技兴湘活动周在长沙揭幕，大力宣传"科学技术是第一生产力"，动员社会各方面力量积极参与科技实践，为科技兴湘作出自己的贡献。

11月4日 中国湖南（张家界）国际森林保护节在大庸市举行。是年6月和9月，中国湖南汨罗江国际龙舟节和中国湖南国际烟花节分别在岳阳和长沙举行。"三节"的举办标志着湖南对外开放的不断扩大。

12月8日 交通部和湖南"七五"重点建设项目，三湘公路建设史上里程最长、等级最高的公路工程——北京至深圳的107国道湖南段改建工程暨岳阳汽车专用公路工程竣工通车。

本年度 国民生产总值785.83亿元。国民收入651.37亿元。工农业总产值1229.29亿元，其中农业总产值425.58亿元，工业总产值803.71亿元。固定资产投资总额157.07亿元。财政收入80.52亿元。社会商品零售总额389.7亿元。城镇居民人均年收入1552元，农民人均年收入688.91元。

一九九二年

1月18日—2月21日 邓小平视察武昌、深圳、珠海、上海等地，发表谈话。2月28日，中央2号文件印发邓小平"南方谈话"。3月1日，省委常委传达学习中央2号文件精神。随后，省委先后召开工作会议和地州市委书记会议，以邓小平南方谈话精神为指导，进一步统一思想，加大了改革和发展力度。

1月28日 省委印发《中共湖南省委关于贯彻〈中共中央关于进一步加强农业和农村工作的决定〉的实施意见》。要求各地各单位一定要把工作重心和主要精力放在农村工作上，协调各方面力量，大力支持农业。

2月20日 全省农村金融工作会议推出"百千万开发工程"，即：支持200个大型农业开发项目、1000个村级经济开发项目和10000户科技示范户，并支持10万农户脱贫，作为农村信贷杠杆的倾斜点。全省农村信贷投入将达到100亿余元，比上年增加20%以上。

4月16日 省实施"希望工程"领导小组、省青少年发展基金会成立，同日召开新闻发布会，拉开湖南"希望工程"的序幕。

10月12日—18日 中国共产党第十四次全国代表大会在北京举行。22日，省委发出《中共湖南省委关于积极组织全省党员干部和群众认真学习党的十四大文件的通知》，要求以邓小平建设有中国特色社会主义理论为指导，夺取湖南改革开放和现代化建设的新胜利。

12月1日—3日　省委召开六届五次全体（扩大）会议，研究贯彻落实党的十四大精神。会议作出"加大改革力度，扩大开放，加快经济发展，力争国民生产总值跻身全国十强"的战略决策。确立以"建设'五区一廊'"为重点，"放开南北两口，拓宽三条通道，加速西线开放"的战略总格局。为实现湖南经济快速发展，会议还决定调整"八五"计划和十年规划，将原定的国民生产总值年平均增长速度由6.5%调整到10%以上，力争提前3年实现翻两番目标。

12月31日　省委印发《中共湖南省委、湖南省人民政府贯彻中共中央、国务院〈关于加快发展第三产业的决定〉的实施方案（试行）》的通知。

本年度　国内生产总值920.13亿元。工农业总产值1478.01亿元，其中农业总产值471.22亿元，工业总产值1006.79亿元。乡镇企业总产值年增加140多亿元，为484亿元。固定资产投资总额233.39亿元。社会商品零售总额453.4亿元。进出口总额20.78亿美元。财政收入92.78亿元。城镇居民人均年收入1881元，农民人均年收入739.42元。

一九九三年

2月25日　国防科技大学承担的"银河智能工具计算机系统"在长沙通过鉴定，标志着中国成为世界上能够独立设计和制造通用人工智能计算机的国家之一。

3月1日　《湖南省技术市场管理条例》实施，这是湖南制定的第一部地方性科技法规。

4月30日　省委、省政府印发《关于加快普及九年制义务教育的决定》，提出总的要求是：到20世纪末全省基本普及九年义务教育。5月4日至8日，省委、省政府召开贯彻实施《中国教育改革和发展纲要》暨义务教育工作会议。会议要求进一步提高认识，加快改革步伐，力争2000年全省基本普及九年义务教育。

12月20日　"湘中意""湘火炬"在深交所同时挂牌上市，实现了湖南省公开发行股票和上市公司零的突破。湖南省股份制改革朝规范化方向迈进了一大步。

本年度　国内生产总值突破千亿元，为1192.41亿元。工农业总产值2002.39亿元，其中农业总产值563.47亿元，工业总产值1438.92亿元。乡镇企业总产值820亿元。年产值过10亿的县市增加到34个。个体工商户和私营企业共创产值65亿多元，比上年增长58.5%。固定资产投资总额320.24亿元。进出口总额23.50亿美元。社会商品零售总额552.12亿元。财政收入127.56亿元。

一九九四年

2月28日　全国扶贫开发工作会议在北京召开。会议宣布从当年起实施"国家八七扶贫攻坚计划"。4月15日，国务院发出《关于印发〈国家八七扶贫攻坚计划〉的通知》。7月，省委、省政府召开全省扶贫工作会议，部署全省"八七"扶贫攻坚工作。9月27日，省委、省政府印发《关于支持湘西土家族苗族自治州实施"八七扶贫攻坚计划"的意见》。《意见》决定把湘西自治州作为全省扶贫攻坚的主战场，由省直有关单位对口扶持，分工负责，确保攻坚计划的落实，并继续实行优惠政策和灵活措施，力争国民生产总值1997年达到43亿元，2000年达到57.3亿元。

3月7日　省委根据《中共中央关于建立社会主义市场经济体制若干问题的决定》，制定湖南20世纪末初步建立起社会主义市场经济新体制的"实施意见"。

6月27日　省政府印发《湖南省城镇"安居工程"实施方案》。并决定从8月起，全面实施城镇"安居工程"，从1994年起用5年时间基本解决人均居住面积在6平方米以下的居民住房问题。

8月　省委坚持建整与扶贫相结合的指导思想，发出《关于农村党支部建设和整顿的工作方案》，对全省农村党支部进行全面建设和整顿。

12月15日　省政府印发《湖南省贯彻〈国务院关于深化城镇住房制度改革的决定〉的实施意见》。

12月28日　长永高速公路建成通车，这是湖南第一条高速公路。

本年度　国内生产总值1694.42亿元。农业增加值563.31亿元，工业总产值618.07亿元。乡镇企业总产值1274.70亿元。固定资产投资总额401亿元。财政收入171.85亿元，支出151.49亿元。社会商品零售总额659.69亿元。进出口总额27.08亿美元。

一九九五年

3 月 10 日　省政府印发《湖南省加速西线开发 1995 至 2010 年总体规划》。西线地区开发的总体构思是：抓住我国对外开放由沿海向内地转移和国家重视贫困地区发展实施"八七扶贫攻坚计划"的机遇，开发山地、水能、旅游、矿产资源 4 种资源，突出农业、交通通信等基础设施和科技教育 3 个重点。按照有利于充分发挥当地资源优势的原则，合理布局生产力，尽快形成区域经济特色，重点建设以石门、张家界、吉首、怀化、洪江、靖州、邵阳、武冈为中心的 8 个各具特色的经济小区。

3 月 23 日—28 日　中共中央总书记、国家主席、中央军委主席江泽民在湖南考察，先后到长沙、常德、张家界等地，就农业的潜力与发展前景、长期稳定家庭联产承包责任制、科技兴农、耕地保护、农村社会风气等问题进行调研。考察期间，江泽民充分肯定湖南改革、发展、稳定的形势和在农业上所作的贡献；强调要认清农业发展的艰巨任务和光明前景，既要充分信任和依靠农民群众，又要重视教育农民的问题；指出各级干部要适应社会主义市场经济要求，努力加强学习和转变观念。

7 月 25 日—27 日　省政府召开全省贯彻实施《劳动法》工作会议。会议提出 1995 年底以前全省要基本建立最低工资保障制度、劳动合同制度、劳动监察制度。7 月 24 日，《湖南省最低工资规定》正式发布实施，湖南省 1995 年 7 月至 1996 年 6 月平均最低月工资标准为 171 元。这是保障劳动者合法权益的重大举措。

8月2日　省委、省政府印发《关于加速建设农业强省的决定》。1993 年湖南提出建设农业强省的战略目标，至 1995 年 8 月正式作出决定，要求在 20 世纪末实现农业大省向农业强省跨越，将湖南初步建成农业强省。《决定》分建设农业强省的战略意义、建成标志及主要指标、重点内容、主要措施、组织领导 5 个方面。

9月　长沙市国有企业于 1995 年率先在全国推行用工与人事管理分离的"人事代理制"。

10月8日—12日　中共湖南省第七次代表大会在长沙举行。大会通过《中共湖南省委关于制定湖南省国民经济和社会发展第九个五年计划的建议》等决议。会议提出并实施"呼应两广、开放带动、科教先导、兴工强农"的开放带动战略，要求在不断调整优化结构、提高经济效益的前提下，力争全省国内生产总值年均增长 10% 左右。

本年度　"八五"计划胜利完成。据统计，国内生产总值由 1990 年的 744 亿元增加到 1995 年的 2196 亿元。农业总产值由 397 亿元增加到 1047 亿元，年均增长 5.9%。工业总产值由 713 亿元增加到 2545 亿元，年均增长 19.2%。财政总收入由 70 亿元增加到 108 亿元。产业结构开始趋向合理。

一九九六年

5 月 26 日　省政府妇女儿童工作委员会在长沙召开全省贯彻实施《湖南省妇女发展规划（1996—2000）》动员大会。《规划》是湖南省历史上第一部关于妇女事业发展的专门规划。

10 月 26 日—28 日　省委、省政府召开全省扶贫开发工作会议。会议要求用 5 年时间解决省内贫困人口的温饱问题，这是对党中央、国务院提出的到 20 世纪末基本消除农村贫困战略任务的具体落实，是动员全省人民向贫困宣战。省委强调，在扶贫攻坚战中，要由救济式扶贫转向开发式扶贫，由"输血式"扶贫转向"造血式"扶贫。

12 月 5 日—6 日　全省农村小康建设座谈会在湘潭市召开。会议提出，要进一步统一思想，把奔小康作为总揽农村工作全局的中心，在全省迅速掀起一个"议小康、干小康、奔小康"的新热潮。

本年度　国内生产总值 2640 亿元，实现了在 1980 年的基础上翻两番的目标。农业总产值 1226 亿元，全省乡及乡以上工业总产值 1769 亿元。进出口总额 32 亿美元。固定资产投资总额 671 亿元。城镇居民人均年收入 4280 元，农民人均年收入 1792 元。

一九九七年

1月1日 《湖南省行政执法条例》正式实施。这是全省第一部规范政府行为的地方性法规，是湖南贯彻落实"依法治国"方针的一项重大举措。

1月23日 由省委宣传部等11个部门联合发起的全省理论、法律政策、文化、科技、卫生"五下乡"活动在浏阳市启动。这项为农民办实事、把党和政府的温暖送到农民心坎上的活动，自1997年起每年在全省各地广泛开展。

1月28日 湘黔铁路娄（底）怀（化）段电气化开通。该路段全长318公里，投资30亿元，历时4年建成。娄怀段电气化建设既是国家重点工程，又是国家加快中西部地区开发建设的重大战略举措，对加快湖南经济的发展、开发建设大西南具有非常重要的意义。

3月17日—19日 全省经济体制改革暨住房制度改革、教职工住房建设工作会议在长沙召开。会议提出：紧密结合结构调整和经济增长方式转变，继续以国有企业改革和推进农业产业化为重点，配套推进各项改革。

3月31日—4月2日 全省卫生工作会议在长沙召开。此次会议主要是传达贯彻全国卫生工作会议精神，认真学习省委、省政府《关于加快卫生改革与发展的决定》，研究部署全省卫生事业的改革与发展。会议提出，到2000年，湖南要初步建立起包括卫生服务、医疗保健、卫生执法监督在内的较为完整的医疗卫生体系，基本实现人人享有初级卫生保健，使人民健康水平上一个新台阶。到 2010年，湖南的国民健康主要指标达到全国中上水平。

9 月 12 日—18 日　中国共产党第十五次全国代表大会在北京举行。18 日，省委在北京召开出席党的十五大的地市州领导和有关部委负责人会议，部署贯彻党的十五大精神。22 日，省委发出《中共湖南省委关于认真学习宣传和贯彻落实党的十五大精神的通知》。《通知》指出，认真学习宣传和贯彻落实党的十五大精神，是当前和今后一个时期摆在全省各级党组织和全省人民面前的一项重大而紧迫的政治任务。

11 月 14 日　湖南省洞庭湖区近期防洪蓄洪（一期）工程在长沙正式通过验收，洞庭湖治理一期工程胜利结束，二期治理全面展开。洞庭湖治理一期工程从 1986 年开始实施，至 1995 年 12 月完工，涉及常德、益阳、岳阳、长沙 4 市 31 个县、市、区、农场的全部或部分辖区。10 年中，加高加固 11 个重点堤垸堤防，对 24 个蓄洪垸进行了安全设施建设，堤防清隐整险等，共完成总土石方工程量 2.36 亿立方米，混凝土及钢筋混凝土 112 万余立方米，工程总投资 11.616 亿元。一期工程实施为洞庭湖广大地区社会经济稳定发展奠定了坚实的物质基础，社会效益巨大，仅 1996 年防洪减灾效益就达 1000 多亿元。

12 月 8 日　省政府召开全省建立城市居民最低生活保障制度电视电话会议。会议部署，1997 年底以前，已建立城市居民最低生活保障制度的城市要逐步完善这项制度，尚未建立的要抓紧做好准备工作；1998 年底以前，所有地级市要建立起城市居民最低生活保障制度；1999 年底以前，县级市和县政府所在地的镇要建立起这项制度。

12 月 29 日　邵阳市川岩村合闸成功，湖南大电网提前 3 年实现村村通电目标。

本年度 国内生产总值 2993 亿元。农业总产值 1322.3 亿元，乡及乡以上工业总产值 1898.94 亿元。固定资产投资总额 688.36 亿元。社会消费品零售总额 1041.60 亿元。进出口总额 32.83 亿美元，其中出口 23.29 亿美元。全省城镇居民人均年收入 5209.7 元，农民人均年收入 2037.06 元。

一九九八年

3月26日　省委、省政府发出《关于深化基础教育改革全面实施素质教育的意见》，对加快推进素质教育提出具体要求。

6月20日—8月下旬　全省各地发生严重的山洪灾害，洞庭湖区出现1954年以来特大洪灾，这次洪灾造成巨大损失。洪灾发生后，江泽民、朱镕基、李瑞环、李岚清、温家宝等中央领导亲临洞庭湖区指挥军民进行抗洪救灾。经过全省250万军民80余天苦战，终于获得抗洪斗争全胜，在抵御特大洪灾中铸造了"万众一心、众志成城、不怕困难、顽强拼搏、坚韧不拔、敢于胜利"的伟大抗洪精神。9月21日至22日，省委、省政府召开全省抗洪救灾总结表彰暨水利建设动员会，总结1998年抗洪救灾工作经验，表彰在抗洪救灾中表现突出、功勋卓著的先进集体和先进个人，对灾后的水利建设进行总动员。

7月9日　省委、省政府颁发《关于切实做好国有企业下岗职工基本生活保障和再就业工作的意见》，明确要求把保障国有企业下岗职工的基本生活作为首要任务；同时，实施好再就业工程，力争每年实现再就业人数大于当年新增下岗职工人数。

10月7日　省委、省政府在长沙召开全省平垸行洪、移民建镇工作会议。会议强调，平垸行洪、退田还湖、移民建镇是落实中共中央、国务院和省委、省政府战略部署的大事，是一件利在当代、造福子孙的好事。全省平垸行洪、移民建镇的方案是：对长江干堤巴垸、四水尾闾及其支流巴垸和西、南、东洞庭湖碍洪的堤垸，有计划有步骤地平垸行洪，退田还湖。

10月12日—14日 中共十五届三中全会在北京举行。会议审议通过《中共中央关于农业和农村工作若干重大问题的决定》。全会提出到2010年建设有中国特色社会主义新农村的奋斗目标。11月29日至30日，省委七届七次全会在长沙召开，审议通过《中共湖南省委关于贯彻〈中共中央关于农业和农村工作若干重大问题的决定〉的实施意见》。

10月 国家划拨资金28亿元，全方位治理洞庭湖。另外，省和有关市、县（市、区）也挤出很大一批资金用于恢复洞庭湖水毁工程。这样，用于洞庭湖治理的资金达50亿元。洞庭湖治理分为长江大堤整治加固、洞庭湖堤防建设以及平垸行洪移民建镇三大战役。此举写下湖南根治洞庭湖水患新篇章。

12月23日 《湖南省价格听证会实施办法（试行）》开始执行，这是湖南省价格决策制度的重大改革。

年底 全省共有115个县级行政区域单位实现"两基"即基本普及九年义务教育和基本扫除青壮年文盲，占全省县级行政区划单位的85.92%，人口覆盖率达全省总人口的86.53%，超过全国平均水平13个百分点。

本年度 国内生产总值3211.4亿元。工农业总产值5499.43亿元，其中农业总产值1262.46亿元，工业总产值4236.97亿元。固定资产投资总额851.6亿元。社会消费品零售总额1125.33亿元，全年商品零售价格总水平下降2.1%。进出口总额17.82亿美元，其中出口12.83亿美元，进口4.99亿美元。全省城镇人均可支配收入5434元，农民人均纯收入2064.85元。

一九九九年

1月14日 全省"普九"巩固提高工作现场会在临澧县召开。普及九年制义务教育是新中国建立以来规模最大的教育工程，从1993年以来，全省共投入办学资金73亿元，使义务教育阶段的办学条件得到历史性改观，特别是农村初中办学条件发生了翻天覆地的变化，新建改建校舍累计达2342万平方米，占现有校舍面积的31%。"普九"工作取得阶段性成果。到1998年底，全省134个县（市、区、场）有115个通过基本"普九"验收，长沙、湘潭、株洲等九个市实现基本"普九"；全省涌现临澧等12个全国"两基"工作先进县（市、区）；"普九"的人口覆盖率达到86.53%，第一次赶上并超出全国平均水平72%。

4月26日 省政府召开全省城镇职工医疗保险制度改革工作会议，部署建立全省城镇职工基本医疗保险制度。规定城镇所有用人单位及其职工都要参加基本医疗保险，并初步确定了缴费水平的宏观控制标准。7月1日，《湖南省建立城镇职工基本医疗保险制度实施意见》正式出台。10月1日至12月31日，全省城镇职工基本医疗保险制度进入试运行阶段；2000年1月1日起全省将按新的医疗保险制度运行。

6月15日—18日 全国教育工作会议在京召开。湖南作"大力推广汨罗经验，推行素质教育"的经验介绍。1996年第2期《人民教育》发表长篇通讯《大面积推行素质教育的探索——汨罗市中小学教育改革 12 年写真》，对湖南省汨罗市中小学教育改革进行报道。刊物同期发表评论员文章《加快素质教育的区域性推进》。李岚清副总理在半个月之内两次批示，肯定"汨罗经验"。1996 年 5 月，李岚清考察汨罗市教育，指出"汨罗经验非常可贵，要逐步在全国推广"。汨罗的素质教育经验在全国引起巨大反响，各地到汨罗考察学习的一年之内达 8 万人次。

10 月底　省政府制定的《湖南省信息化建设规划纲要》正式出台。纲要提出，2000 年，湖南要建设 5 项重大信息化应用工程：洞庭湖防汛调度指挥决策信息工程、湖南省宏观决策信息网工程、湖南计算机网络互联工程、长株潭区域信息化示范工程、湖南省社会保障信息系统工程。

本年度　国内生产总值 3406.75 亿元。工农业总产值 5757.28 亿元，其中农业总产值 1200.94 亿元，工业总产值 4556.34 亿元。国有及国有控股企业实现利润 7.73 亿元，扭转连续 5 年的净亏损局面。固定资产投资总额 957.47 亿元。社会消费品零售总额 1229.21 亿元。市场物价继续低位运行，全年零售商品价格总水平下降 2.4%。进出口总额 19.56 亿美元，其中出口 12.82 亿美元，进口 6.74 亿美元。全省城镇人均年收入 5815 元，农民人均年收入 2147.18 元。

二〇〇〇年

1月20日 省委、省政府发出《关于贯彻〈中共中央、国务院关于深化教育改革全面推进素质教育的决定〉的意见》。《意见》提出了湖南省各级各类教育发展的具体目标：基本普及城市幼儿教育和农村一年制学前教育，入园（学）率达80%左右；全面普及九年义务教育，小学、初中适龄人口入学率分别保持在99%、95%左右；基本普及高中阶段教育；同龄人口高等教育入学率达到15%以上，各类高等学校在校生总规模达到90万人以上；成人高等学校和自学考试、电视大学和网上大学在校学生40万人左右；新增劳动力平均受教育年限达到12年以上。

4月25日 省委、省政府作出《关于加强民族工作的决定》，对如何加快少数民族地区的经济社会发展，如何营造有利于少数民族地区加快发展的良好环境，如何推进少数民族团结进步事业，如何加强对少数民族工作的领导等提出具体明确的要求。

7月23日 国务院批准湖南为退耕还林试点示范省。8月2日，全省退耕还林（草）示范试点项目启动。

8月9日 省委、省政府发出《关于切实做好当前减轻农民负担工作的紧急通知》，提出要站在"三个代表"的高度统一对当前减轻农民负担工作的认识；严格执行农民合理负担"一立三年不变"的政策；全面做好农民负担卡的发放工作；严格依法征税；坚决制止乱收费、乱集资、乱罚款和乱摊派，加强对农村基层干部和农民群众的教育；严肃查处加重农民负担的违法、违纪案件；认真搞好农民负担问题的自查自纠。

9月28日 湖南省第九届人民代表大会常务委员会第十八次会议通过《湖南省武陵源世界自然遗产保护条例》，该《条例》于2001年1月1日起实施。这是一部国内外首创的关于自然遗产保护的地方性专门法规。

10月9日—11日 中共十五届五中全会召开，通过《关于制定国民经济和社会发展第十个五年计划的建议》，指出中国社会主义市场经济体制已经初步建立，人民生活总体上达到小康水平；从新世纪开始，将进入全面建设小康社会、加快推进社会主义现代化的新的发展阶段。根据党的十五届五中全会精神，10月29日至31日，省委在长沙召开七届九次全会，审议通过《关于制定湖南省国民经济和社会发展第十个五年计划的建议》。次年1月17日，省九届人大四次会议审查通过《关于湖南省国民经济和社会发展"十五"计划纲要及报告的决议》。

11月29日 我国独立研制的第一台类人型机器人在长沙国防科技大学首次亮相，标志着中国在机器人尖端技术研究领域取得重大突破。

本年度 是"九五"计划收尾之年，"九五"计划的主要目标都基本实现。国内生产总值3692亿元，人均国内生产总值5620元，年均增长9%。财政收入318亿元。三次产业结构由1995年的31.9∶35.9∶32.2调整为21.1∶39.8∶39.1。5年共取得各类科技成果4000多项，超级稻、"银河－Ⅲ"型巨型计算机、克隆神经耳聋基因等重大科研成果居国际先进水平。大部分地区基本实现九年义务教育。

二〇〇一年

2月25日　全省农村工作暨农村税费改革工作会议在长沙召开。省委、省政府决定农村税费改革的基本内容为"三个取消、一个逐步取消、两个调整和一项改革"。

4月5日—11日　中共中央政治局常委、国务院总理朱镕基在湘考察。他先后考察张家界国家森林公园、花垣县麻栗场镇尖岩山农业综合开发试验区、花垣小学、花垣民族中学、吉首市阳孟村、吉首大学、凤凰县城、溆浦县城防洪大堤、溆浦县低庄镇莲塘村枣子基地、低庄镇信用社、新化县城、新化国家储备粮库和曙光电子有限公司；听取省委、省政府和张家界市、湘西自治州的工作汇报；在湘西自治州和长沙分别召开农业农村农民问题座谈会、国有企业改革和社会保障工作座谈会。考察中，朱镕基指出，要重视改善生态环境、调整产业结构和深化经济体制改革，发展工业一定要考虑可持续发展战略，要加强社会保障体系建设。

7月1日　中共中央在北京召开纪念建党80周年大会，中共中央总书记江泽民发表重要讲话。中共湖南省委召开纪念中国共产党成立80周年大会，会议表彰全省先进基层党组织、优秀共产党员和优秀党务工作者。7月13日，省委召开市州县和省直单位党员负责人会议，提出下半年以江泽民"七一"重要讲话为指导，进一步突出经济建设，深入开展农村"三个代表"学教活动，正确处理改革、发展、稳定的关系，夺取新世纪开局之年的新胜利，以两个文明建设的新成绩迎接省第八次党代会胜利召开。

9月20日　中共中央颁发《公民道德建设实施纲要》。次年1月22日，中共湖南省委发出《关于贯彻〈公民道德建设实施纲要〉的意见》。《意见》大力倡导"爱国守法、明礼诚信、团结友善、勤俭自强、敬业奉献"的基本道德规范，培养有理想、有道德、有文化、有纪律的社会主义公民。

11月5日—9日　中国共产党湖南省第八次代表大会在长沙举行。出席代表695人，代表全省306万党员。大会作《以"三个代表"重要思想为指导　加快推进湖南社会主义现代化建设》的工作报告。大会以"三个代表"重要思想为指导，以加快推进湖南社会主义现代化建设为主题，强调解放思想、实事求是，始终坚持以经济建设为中心，深化改革开放，坚持科教兴湘，推进依法治省，牢牢把握改革发展稳定大局，加快发展，大力推进工业化、城镇化和农业产业化进程，促进农业大省向经济强省转变，实施可持续发展战略。"工业化"首次写入全省发展战略以及"三化"战略的提出，是湖南发展思路的重大突破。

12月13日　省委、省政府发出《关于大力推进工业化进程的决定》，提出大力推进工业化进程是新世纪加快湖南省现代化建设的重大决策。

12月31日　省委、省政府发出《关于贯彻落实〈中共中央国务院关于进一步加强社会治安综合治理的意见〉的通知》。

本年度　地区生产总值3983亿元。固定资产投资总额1209.27亿元，其中国有及其他经济投资798.42亿元。三次产业结构为20.7∶39.4∶39.9。财政收入361.71亿元，支出431.70亿元。社会消费品零售总额1511.07亿元。

二〇〇二年

3月1日　省人民政府印发《湖南省农村扶贫开发规划（2001—2010 年）》。《规划》继续把湘西自治州作为扶贫开发的重点地区。古丈、泸溪、保靖等 20 个县经国务院扶贫开发领导小组审核为新阶段第一轮国家扶贫开发工作重点县。

4月3日—4日　湖南省全面推行农村税费改革工作会议在津市召开。会议决定：取消乡统筹费、农村教育集资等专门面向农民征收的行政事业性收费和政府性基金、集资；取消屠宰税；逐步取消统一规定的劳动积累工和义务工；调整农业税和特产税；改革村提留征收使用办法。为确保农村税费改革工作的顺利执行，4月23日，省委、省政府颁布《湖南省农村税费改革实施方案》。会议的召开和《方案》的执行，大大减轻了农民负担。

6月7日—9日　中共中央政治局常委、国务院总理朱镕基考察湖南防汛工作，听取省委、省政府汇报，就做好 2003 年防汛抗洪工作提出具体要求。朱镕基强调，洞庭湖是湖南的宝湖，也是全国四大淡水湖之一，要把平垸行洪、退田还湖、移民建镇与调整农业结构、加强生态建设结合起来，恢复洞庭湖的本来面目。朱镕基指出，做好下岗职工再就业工作，是维护社会稳定、促进国民经济持续快速健康发展的重要保证，要切实把这项工作抓紧抓好。要继续完善城镇社会保障体系，切实落实"两个确保"，使所有符合条件的城市贫困居民都能得到最低生活保障。

6月10日—12日　亚欧会议成员国在长沙举行亚欧水资源管理研讨会。这是亚欧会议成员国在水资源方面的第一次联合行动。会议通过了《长沙宣言》。

6月19日　省委、省政府发出《关于加强人才队伍建设的若干意见》，要求各级党委、政府必须加强领导，把人才队伍建设作为一项根本性战略任务落到实处。

10月19日—21日　首届国际烟花合作与贸易大会在浏阳市举行。20多个烟花主产销国签署文件，一致推举浏阳为国际烟花协会总部永久所在地，浏阳烟花交易中心为世界烟花交易中心。由此，浏阳一举确立国际烟花业的领袖地位，成为世界最大的烟花产销基地。

11月1日　省委、省政府发出《关于贯彻落实〈中共中央　国务院关于进一步做好下岗失业人员再就业工作的通知〉有关问题的通知》。《通知》规定，国有企业下岗职工、失业人员和国有企业关闭破产需要安置的人员，以及享受最低生活保障并且失业一年以上的其他城镇失业人员，可享受再就业扶持政策。凡下岗失业人员从事个体经营的和吸纳下岗失业人员与安置富余人员的企业，政府从税收上予以减免扶持，对大龄就业困难对象予以再就业援助。

11月8日—14日　中国共产党第十六次全国代表大会在北京举行。18日，湖南省召开学习贯彻党的十六大精神大会，要求深入学习、深刻领会、全面贯彻党的十六大精神，把湖南的社会主义现代化建设推向前进。同日，省委向全省发出《关于认真学习贯彻党的十六大精神的通知》，要求全省各级党组织，坚持以县以上领导干部为重点，广泛开展党的十六大精神学习活动，重点是学习党的十六大报告。

11月　卢光琇教授负责的中南大学湘雅医学院人类生殖工程研

究室和湖南省干细胞工程技术研究中心，在国内首次建立了人类胚胎干细胞的人源性培养体系，意味着我国在干细胞技术研究上达到世界同步发展水平。

12月16日—17日 省委八届三次全会在长沙召开，研究部署全省全面建设小康社会有关工作。会议提出，全面建设小康社会的总体目标是：国内生产总值到2008年比2000年翻一番，2020年前翻两番；2010年人均国内生产总值基本达到全国平均水平，2020年人均国内生产总值超过3000美元，基本实现工业化，建成完善的市场经济体制和更具活力的开放型经济体系。

本年度 地区生产总值4340.94亿元。三次产业结构为19.5∶40∶40.5。固定资产投资总额1355.9亿元，其中国有经济投资665.7亿元。财政总收入（包括上划中央所得税）424.64亿元，支出533.02亿元。社会消费品零售总额1678.86亿元，商品零售价格下降0.8%。进出口总额28.76亿美元，其中出口17.95亿美元，进口10.81亿美元。

二〇〇三年

1 月 23 日　省委常委召开会议，传达贯彻中央农村工作会议主要精神，研究湖南当时和今后农村工作的主要思路。会议指出，"三农"问题的重点是：突出农业结构调整；突出农村劳动力结构调整；突出农业基础设施建设和生态环境建设；突出稳定农村政策，深化农村改革。

春　我国遭遇非典型肺炎重大疫情。按照党中央、国务院的决策部署，结合湖南实际情况，4 月 17 日，省政府办公厅向全省发出防治"非典"动员令，及时作出安排部署。4 月 29 日，省委、省政府召开全省防治非典型肺炎紧急会议，要求全省各级党委、政府和各部门及有关单位组织实施好《湖南省预防和控制传染性非典型肺炎工作预案（试行）》。6 月 30 日，省委召开大会，表彰防治非典型肺炎工作先进基层党组织。全省人民取得抗击"非典"的胜利。

10 月 1 日—4 日　中共中央总书记、国家主席胡锦涛考察湖南。他先后瞻仰毛泽东故居和刘少奇故居，考察岳阳市洞庭湖大桥、君山区洞庭湖防洪大堤、汨罗市大荆镇桂花村、湖南加华生物科技发展有限公司、国家杂交水稻工程技术研究中心、湖南华天光电惯导技术有限公司等企业和农村。他在考察中强调：要加强干部作风建设，关心群众生产生活，加快经济社会发展。

10 月 11 日—14 日　中共十六届三中全会在北京召开，审议通过《关于完善社会主义市场经济体制若干问题的决定》。11 月 4 日至 5 日，中共湖南省委召开八届六次全会，学习贯彻中共十六届三中全会精神，审议通过《中共湖南省关于贯彻落实〈中共中央关于完善社会主义市场经济体制若干问题的决定〉的意见》。

本年度 地区生产总值 4633.73 亿元。第一产业增长 3.6%，第二产业增长 12.6%，第三产业增长 9.6%。固定资产投资总额 1556.94 亿元，其中国有经济投资 701.28 亿元。财政收入 489.75 亿元，支出 573.75 亿元。社会消费品零售总额 1816.3 亿元。进出口总额 37.36 亿美元，其中出口 21.46 亿美元，进口 15.9 亿美元。城镇居民人均可支配收入 7674.2 元，农村居民人均纯收入 2532.9 元。

二〇〇四年

3月8日　教育部下发文件，审定认可湖南省通道、新晃、芷江、沅陵、麻阳、安化6县普及义务教育验收合格。至此，全省122县市区全部通过省级"普九"验收。

3月15日　省委办公厅、省政府办公厅印发《关于减轻农民负担的意见》，要求各地把减轻农民负担坚决落到实处。

5月5日　省委、省政府发出《关于深化省属国有企业改革的指导意见》，提出了深化省属国有企业改革的目标任务。9日至10日，召开全省深化省属国有企业改革工作会议，要求以产权多元化为突破口和核心，全面加快推进省属国有企业改革。

5月25日　为深入贯彻《中共中央　国务院关于促进农民增加收入若干政策的意见》（又称"中央一号文件"）精神，省委、省政府发出《关于深化农村改革　促进农民增收的若干意见》，提出七大举措。8月16日至18日，在长沙召开全省农业结构调整暨招商引资工作会议，强调全面贯彻"中央一号文件"精神，深化农村改革，继续抓好粮食生产，加快农业农村经济结构调整，力促农民显著增收。

5月31日　湖南省第十届人民代表大会常务委员会第九次会议通过《湖南省非税收入管理条例》，这是全国第一部非税收入管理地方性法规。

6月24日　省委、省政府发出《关于加快湘西地区开发的决定》，作出"五年打基础，十年上台阶"的战略部署，为建设经济繁荣、社会进步、生活安定、民族团结、山川秀美的新湘西奠定了基础。

7月18日 国内最大轮式汽车起重机——浦沅QY300汽车起重机在中联集团浦沅工程机械有限公司下线。

10月12日—13日 湖南省委召开八届八次全会，传达贯彻中共十六届四中全会精神，审议通过《中共湖南省委关于贯彻落实〈中共中央关于加强党的执政能力建设的决定〉的意见》，安排部署加强党的执政能力建设工作。

12月16日 省委、省政府颁发《关于贯彻落实〈中共中央关于进一步繁荣发展哲学社会科学的意见〉的实施意见》，明确提出把繁荣发展哲学社会科学纳入湖南经济社会发展总体规划。

本年度 地区生产总值5612.26亿元。第一产业增长7.4%，第二产业增长16.2%，第三产业增长10.2%。固定资产投资1981.29亿元，其中国有经济投资846.83亿元。财政收入612.42亿元，支出719.54亿元。社会消费品零售总额2069.84亿元。进出口总额54.38亿美元，其中出口30.98亿美元，进口23.40亿美元。城镇居民人均可支配收入8617.48元，农村居民人均纯收入2838元。

二〇〇五年

1月17日　省委、省政府决定，从 2005 年起，全省实行农业税全额免征，由此一项可为农民免除税负 13.6 亿元，2600 多年"皇粮国税"的历史从此结束。这是湖南省农村税费改革的重大突破。

6月10日　三一重工作为全国股权分置改革试点首批 4 家企业之一，其方案获得中国证监会批准。现场投票和网络投票最终以 93.44% 的高赞成率顺利通过三一重工股权分置改革，标志着中国第一个股权分置改革方案进入实施阶段，载入中国资本市场发展的史册。

8月12日—14日　中共中央政治局常委、国务院总理温家宝在湘考察株洲、湘潭、长沙等地，8 月 14 日在长沙主持召开促进中部地区崛起座谈会。温家宝指出，促进中部地区崛起，是党中央、国务院从现代化建设全局出发作出的重大战略决策。促进中部地区崛起，最重要的是进一步解放思想、增强创新意识，走出中部地区崛起的新路子。

10月8日—11日　中共十六届五中全会在北京举行。全会审议通过《中共中央关于制定国民经济和社会发展第十一个五年规划的建议》。10 月 20 日，省委召开八届十次会议，学习贯彻中共十六届五中全会精神，分析国内外形势，总结"十五"经济社会发展经验，通过《中共湖南省委关于制定湖南省国民经济和社会发展第十一个五年规划的建议》。

10月19日　省政府印发《关于加快农业五大产业链建设　推进农业产业化经营的意见》，提出通过5年左右努力，形成湖南粮油棉麻、肉奶水产、果蔬茶、竹木林纸、烟草五大农业优势产业链条。

本年度　是"十五"计划收尾之年，湖南省经济社会发展取得显著成就。地区生产总值6511.34亿元，人均生产总值10460元。财政收入747.3亿元。三次产业结构比例调整为19.5：40.8：39.7。省属国有企业改革全面启动，基本完成改制的企业为40%；农村税费改革取得显著成效，2005年全部免征农业税。5年共取得各类科技成果4788多项。计划生育成绩显著，人口自然增长率控制在6.5‰以内。城镇居民人均可支配收入9523.97元，农民人均纯收入3118元。

二〇〇六年

2月27日 省委、省政府下发《关于推进社会主义新农村建设的意见》。《意见》提出通过推进社会主义新农村建设，逐步把传统农业改造成为具有市场竞争力和实现农民持续增收的现代农业；逐步把传统农村村落改造建设成为具有现代文明的农村新社区；逐步把传统农民培养成为有文化、懂技术、会经营的新型农民。另外，湖南省将逐步建立和完善城乡统一的就业制度。"十一五"期间，全省重点抓好1000个左右不同类型的社会主义新农村示范村建设。

3月22日 省委宣传部、省文明办印发《关于在全省组织开展社会主义荣辱观宣传教育的实施意见》。全省各级各地积极行动，开展社会主义荣辱观学习教育宣传活动，践行社会主义荣辱观，共创和谐湖南。

6月1日 省委、省政府印发《关于发展城市社区卫生服务的决定》，明确规定社区卫生服务机构的性质及服务的对象、重点和措施，并确定2008年地级城市社区卫生服务机构覆盖率要达到100%。

7月22日 中共中央政治局常委、国务院总理温家宝在省委领导陪同下，专程到资兴检查指导灾后重建工作。7月中旬以来，"碧利斯"和"格美"强热带风暴给湖南造成特大洪涝灾害损失。温家宝要求灾区各级党委、政府安排好灾民生活，把灾后重建作为当前工作的重中之重，带领群众恢复生产，重建家园。

9月9日　《湖南省人民政府关于落实科学发展观切实加强环境保护的决定》颁布实施。

9月25日—28日　首届中国中部投资贸易博览会（简称"中博会"）在长沙湖南国际会展中心成功举办。此后，中博会由中部六省轮流主办，成为国家实施中部崛起战略的有效载体和中部六省扩大对外经贸交流与合作的重要平台。

10月8日—11日　中共十六届六中全会召开，通过《中共中央关于构建社会主义和谐社会若干重大问题的决定》。10月14日至17日，省委召开常委会会议，就学习贯彻十六届六中全会精神、抓好下阶段宣传思想工作进行研究和部署。

11月1日　省政府发出《关于建立农村最低生活保障制度的通知》。次年7月，国务院发出《关于在全国建立农村最低生活保障制度的通知》，指出将符合条件的农村贫困人口全部纳入保障范围，稳定、持久、有效地解决全国农村贫困人口的温饱问题。

11月8日—12日　中共湖南省第九次代表大会在长沙举行。大会作题为《坚持科学发展　构建和谐湖南　为加快富民强省而努力奋斗》的报告。会议提出大力实施新型工业化带动，进一步加强基础设施、基础产业和基础工作的"一化三基"发展战略，并将"富民强省"的目标首次写进党代会报告。

11月14日　全省农村综合改革工作会议召开，会议决定从2007年起适当扩大农村综合改革试点范围，全省达到32个试点县（市）。

本年度　地区生产总值7493亿元。规模工业盈亏相抵后实现利润265亿元。三次产业结构为17.8∶41.7∶40.5。财政收入891.16亿元。固定资产投资总额3242亿元。社会消费品零售总额2834亿元。进出口总额73.53亿美元，其中出口50.9亿美元。城镇化进程加快，城镇化率为 38.7%。城镇居民人均可支配收入和农村居民人均纯收入分别为 10505 元和 3390 元。

二〇〇七年

2月2日　省委、省政府制定《关于加速推进新型工业化进程的若干意见》。2014年7月1日，省委、省政府印发《关于进一步加快推进新型工业化的决定》。湖南新型工业化第一推动力作用日益凸显。

8月20日　省委、省政府印发《关于深化文化体制改革、加快文化事业和文化产业发展的若干意见》，对深化湖南省的文化体制改革、加快文化事业和文化产业发展进行全面规划和部署。

8月24日　省委、省政府印发《关于建设教育强省的决定》。这是省委、省政府为实施科教兴湘战略、落实教育优先发展战略，实现人口大省向人力资源强省转变的重大举措。

10月15日—21日　中国共产党第十七次全国代表大会在北京举行。25日，湖南省传达贯彻党的十七大精神大会在长沙举行。省委发出《关于认真学习贯彻党的十七大精神的通知》。

11月3日　由湘潭电机股份有限公司自主研发的国内单台最大功率（2兆瓦）直驱式永磁风力发电机成功下线，标志着湖南进入世界风电设备制造领域的先进行列。

12月15日　省委召开省委常委扩大会议，专题研究部署试验区建设。经国务院同意，12月14日国家发改委正式发文批准，长株潭城市群为全国资源节约型和环境友好型社会建设综合配套改革试验区。会议指出，长株潭城市群成为国家综合配套改革试验区，是国家的重大战略布局，要精心实施，切实走出一条新型工业化、新型城市化的发展新路，在全国起到示范和带动作用。长株潭城市群获准为全国"两型社会"建设综合配套改革试验区，成为全国6个综合配套改革试验区之一。

本年度　地区生产总值9145亿元。农业总产值2603.87亿元。三次产业结构为17.6∶42.7∶39.7。财政收入1119.31亿元。长株潭三市生产总值3461.78亿元。大湘西地区开发初见成效，实现生产总值998.86亿元。进出口总额96.90亿美元。城镇化率为40.45%。城镇居民人均可支配收入12293.54元，农村居民人均纯收入3904.26元。全省有99个县市区顺利实施新型农村合作医疗制度，平均参合率为82%。

二〇〇八年

1月中旬—2月初　湖南历经一次严重冰冻天气，时间长达20多天，14个市州普遍受灾。中共中央总书记胡锦涛致电省委主要领导，了解灾情和抗冰救灾情况。国务院总理温家宝两度来湘指导抗冰救灾。省委、省政府对灾情迅速作出反应，在第一时间制订抗冰救灾应急预案，并向全省人民发出抗冰救灾紧急通知。通过多方面积极努力，终于使全省的经济和人民生命财产损失降低到最低限度，夺取抗冰救灾的重大胜利。

4月17日　《湖南省行政程序规定》公布，于2008年10月1日起正式实施。这是全国第一部地方性行政程序法规，宣示湖南省法治型政府建设迈开实质性步伐。

9月14日　中共中央印发《关于在全党开展深入学习实践科学发展观活动的意见》。10月2日，省委发出《中共湖南省委关于开展深入学习实践科学发展观活动的实施意见》。全省16.1万个单位、351.9万名党员，分三批开展深入学习实践科学发展观活动。

9月　中联重科进行国际并购，完成对意大利混凝土机械生产企业CIFA公司股份的全额收购，成为全球最大规模的混凝土机械制造企业。

10月9日—12日　中共十七届三中全会在北京举行，审议通过《中共中央关于推进农村改革发展若干重大问题的决定》。11月25日至26日，省委九届六次全会在长沙举行。全会审议通过《中共湖南省委关于贯彻落实〈中共中央关于推进农村改革发展若干重大问题的决定〉的意见》。

本年度　地区生产总值突破万亿元，为 11156.64 亿元。三次产业结构为 18.0∶44.2∶37.8。财政收入 1308.55 亿元。长株潭地区生产总值 4565.31 亿元，占全省地区生产总值的 40.9%；大湘西地区生产总值 1203.72 亿元；湘南地区生产总值 2326.83 亿元。进出口总额突破 100 亿美元，为 125.66 亿美元。全省城镇化率 42.15%。城镇居民人均可支配收入 13821.20 元，农村居民人均纯收入 4512.50 元。

二〇〇九年

1月17日 全省新型农村合作医疗制度实现全覆盖。截至2009年1月，全省新农合实施县（市、区）达到122个，全省参合农民4500万人，完成目标任务的107.2%，平均参合率为88.69%。

2月3日 省委办公厅、省政府办公厅印发《关于解决洞庭湖区捕捞渔民生产生活困难的意见》，分别就渔民上岸定居建（购）房补助、安置用地、血吸虫病防治、禁渔期渔民临时生活救助、停征涉渔收费、渔民城乡低保救助、渔民转产就业培训与援助、无户口渔民落户等出台了一系列政策措施。全年全省共投入各项解困帮扶资金1.93亿元，以渔民上岸定居和危房改造为重点，统筹推进社会保障、转产就业、教育培训、子女上学、渔民减负等各项解困工作，帮助2332户无房户专业捕捞渔民上岸定居。次年7月，湖南又全面启动湘资沅澧四水流域专业捕捞渔民上岸定居和解困工作，2274户无房户专业捕捞渔民上岸定居。

2月4日 省委、省政府出台《关于2009年促进农民持续增收的意见》，涉及促进农民增收的内容共5大类23项。14日，省委农村工作会议召开，会议对贯彻落实党的十七届三中全会和中央农村工作会议精神，推进农村改革发展，特别是促进农业稳定发展、农民持续增收作进一步部署。

3月29日—31日 中共中央政治局常委、国务院副总理李克强在湖南考察调研。他先后到博世汽车部件（长沙）有限公司、山河智能、中联重科等企业考察，详细了解企业生产经营情况。在考察调研中，李克强强调，要认真贯彻落实中央的决策部署，坚定信心，迎难而上，保增长，调结构，大力推动技术进步和体制机制创新，增强经济发展动力与活力。3月30日，全国保障性安居工程工作会议在长沙召开，李克强出席会议并作重要讲话，并专程到长沙南湖片区了解棚改情况，看望慰问棚户区居民。

4月22日 省委人才工作领导小组扩大会议召开。会议提出计划用5年时间，引进100名左右能够突破关键技术、发展高新产业、带动新兴学科的海外高层次人才（简称"百人计划"）。

6月12日—14日 中共中央政治局常委、国务院总理温家宝到湖南考察指导工作。温家宝总理一行在省委主要领导陪同下深入长沙、湘潭、株洲等地，就应对金融危机、促进就业和社会保障、实施中部地区崛起战略、保持经济平稳较快发展进行调查研究。温家宝还在湘潭主持召开湖南部分企业负责人座谈会，出席省委、省政府工作汇报会。在考察中，温家宝强调，要坚定不移地实施积极的财政政策和适度宽松的货币政策，全面贯彻落实应对国际金融危机的一揽子计划，并根据形势变化不断丰富和完善。

6月28日 长沙、株洲、湘潭三市升位并网，长株潭成为全国第一个电话升位的城市群。次年6月30日，长株潭城市群正式获批为三网融合试点，成为全国首批12个试点中唯一的城市群。

11月20日 全省新型农村社会养老保险试点工作会议召开，全面启动新型农村社会养老保险试点。首批试点县（市、区）分别是长沙市长沙县、株洲市株洲县等14个县（市、区）；每位60岁以上的农村老年人每年至少增加收入660元；2020年前基本实现对全省农村适龄居民的全覆盖。

12月26日 武广客运专线正式运营。这条专线于2005年6月

23 日在长沙率先开工，历经 4 年建成通车，创下了中国铁路史乃至世界铁路史的多个第一，湖南迎来高铁时代。

本年度　地区生产总值 12930.69 亿元。三次产业结构为 15.2∶43.9∶40.9。财政收入 1504.58 亿元。长株潭三市生产总值 5506.71 亿元，大湘西生产总值 1696.40 亿元，湘南地区生产总值 2629.59 亿元。进出口总额 101.51 亿美元。城镇居民人均可支配收入 15084.31 元，农村居民人均纯收入 4910 元。

二〇一〇年

2月11日 省委、省政府印发《湖南省文化强省战略实施纲要（2010—2015年）》，提出"十二五"时期湖南从文化大省向文化强省推进的目标、任务。

7月1日—3日 中共中央政治局常委、国务院总理温家宝在湘调研，检查指导防汛抗灾工作，同时就经济发展情况在长沙进行调研。随后，温家宝还在长沙主持召开湖北、湖南、广东三省经济形势座谈会。温家宝在会上强调，必须坚持处理好保持经济平稳较快发展、调整经济结构和管理通胀预期的关系，稳定政策，扎实工作，确保全面完成全年经济社会发展目标。

8月12日 省委、省政府发布《关于加快经济发展方式转变推进"两型社会"建设的决定》，作出全面推进"四化两型"的重大战略部署。

10月15日—18日 中共十七届五中全会在北京召开，审议通过《中共中央关于制定国民经济和社会发展第十二个五年规划的建议》，提出今后5年经济社会发展的主要目标。10月20日，省委召开会议，传达学习贯彻党的十七届五中全会精神，要求全省各级各部门要认真抓好党的十七届五中全会精神的传达学习和贯彻落实，科学编制湖南"十二五"经济社会发展规划。

11月18日 全省湘西地区开发工作会议在长沙召开。会议贯彻落实党的十七届五中全会和中央西部大开发工作会议精神，总结湘西地区开发取得的成效和经验，研究部署在新的起点上深入实施湘西地区开发战略。会议印发《中共湖南省委、湖南省人民政府关于深入实施湘西地区开发战略的意见》。

11月26日—27日 省委九届十次全会在长沙举行。会议提出全面推进"四化两型"建设。会议审议通过《中共湖南省委关于制定湖南省国民经济和社会发展第十二个五年规划的建议》。

12月29日—30日 全省教育工作会议在长沙召开，贯彻落实全国教育工作会议精神和教育规划纲要，总结"十一五"时期湖南省教育改革发展的成绩和经验，就深入贯彻实施国家教育规划纲要和湖南建设教育强省规划纲要进行全面部署。制定下发《湖南省建设教育强省规划纲要（2010—2020年）》。

本年度 是"十一五"规划收尾之年，全省上下深入贯彻落实科学发展观，大力实施"一化三基"战略，加快推进"四化两型"建设，积极应对国际金融危机带来的影响，战胜各种自然灾害，圆满完成"十一五"目标任务。地区生产总值15902.12亿元，人均生产总值23100元。财政收入1862.9亿元，5年年均增长20%。固定资产投资总额9821.1亿元。全省三次产业结构为13.8∶46.2∶40，第二产业5年上升6.6个百分点。

二〇一一年

1月20日—25日 省十一届人大五次会议在长沙召开。会议明确高举科学发展旗帜，坚持走"四化两型"的路子，全力推进创新型湖南、数字湖南、绿色湖南和法治湖南建设，为全面建成小康社会打下了具有决定性意义的基础。

1月29日 《中共中央国务院关于加快水利改革发展的决定》发布，这是中华人民共和国成立62年来中央文件首次对水利工作进行全面部署。2月17日，省委、省政府贯彻落实《中共中央国务院关于加快水利改革发展的决定》的实施意见正式出台。2011年"中央一号文件"，是中华人民共和国成立以来中共中央首次系统部署水利改革发展全面工作的决定。9月2日，省委水利工作会议在长沙召开。会议认真总结湖南水利改革发展实践经验，全面部署湖南水利改革发展工作。2011年初，湖南被水利部列为全国首个水利综合改革试点省。8月31日，经水利部与湖南省政府共同批准的《湖南省加快水利改革试点方案》正式实施。

2月26日 省委、省政府印发《湖南省保障和改善民生实施纲要（2011—2015年）》，明确湖南省"十二五"期间保障和改善民生的指导思想、基本原则、总体目标、重点任务和保障措施。

3月 国务院正式批准《湘江流域重金属污染治理实施方案》，这是全国首个由国务院批准的重金属污染治理试点方案。8月5日，湘江流域重金属污染综合治理启动仪式在株洲市举行。省委、省政府 2008 年启动"千里湘江碧水行动"，3 年共完成污染治理项目 2063 个。

5 月 11 日 《中共湖南省委湖南省人民政府关于进一步加强社区党建和社区建设的意见》发布。要求加强以党组织为领导核心的社区组织体系建设，加快构建和谐湖南。

6 月 2 日—3 日 由于湖南春夏连旱，全省 14 个市州不同程度受灾，中共中央政治局常委、国务院总理温家宝和中共中央政治局委员、国务院副总理回良玉一道，深入旱情最严重的环洞庭湖区岳阳、益阳、常德等地，慰问干部群众，实地察看灾情，指导抗灾救灾工作。4 日下午，温家宝在武汉主持召开长江中下游五省抗旱工作座谈会，并发表重要讲话。7 日，省委召开常委会会议，传达学习贯彻温家宝在湘考察指导抗旱救灾工作和在长江中下游五省抗旱工作座谈会上的重要讲话和指示精神，全面部署防汛抗旱工作。

8 月 26 日 省委批准发出《关于开展全省苏区县认定工作的通知》，部署全省苏区县认定工作。省委批准成立湖南省苏区县认定工作领导小组。10 月 18 日，省委召开全省苏区县认定工作会议，进行工作部署，40 余个县市区被纳入苏区县认定工作范围。此项工作为国家制订有关振兴发展规划提供地方史料参考，对于促进经济社会发展具有重要意义。

11 月 18 日—22 日 中国共产党湖南省第十次代表大会召开。大会作《坚持科学发展，推进"四化两型"，为加快实现全面小康而奋斗》的报告。将全面推进"四化两型"建设，作为未来五年任务的总战略，是这次会议的重要成果。会议提出加快建设绿色湖南、创新型湖南、数字湖南、法治湖南。

12 月 23 日，省委、省政府印发《数字湖南建设纲要》。建设数字湖南，对于推进国民经济和社会发展各领域信息化，加快建设全面小康提供了重要保障。

本年度 地区生产总值 19635.19 亿元。三次产业结构为 13.9：47.5：38.6。固定资产投资总额（不含农户）11431.48 亿元。社会消费品零售总额 6809.03 亿元。进出口总额 190.00 亿美元，其中出口 98.97 亿美元，进口 91.03 亿美元。城镇居民人均可支配收入 18844 元，农村居民人均纯收入 6567 元。

二〇一二年

1月19日 省委印发《关于贯彻党的十七届六中全会精神加快建设文化强省的意见》，提出加快推进文化改革发展，建设文化强省。

1月30日 为全面贯彻落实《中共中央国务院关于深入实施西部大开发战略的若干意见》，省委、省政府印发《关于深入实施西部大开发战略推进湘西土家族苗族自治州加快发展的若干意见》。

2月2日 省委、省政府印发《湖南省农村扶贫开发实施纲要（2011—2020年）》。《纲要》提出农村扶贫开发的总体目标，确定扶贫对象和重点区域。

2月28日 省委法治湖南建设领导小组成立。

2月29日 省委、省政府发出《关于印发〈创新型湖南建设纲要〉的通知》，提出建设创新型湖南的重点任务。

4月20日 省委、省政府颁布《绿色湖南建设纲要》。《纲要》指出，绿色湖南建设是湖南贯彻落实科学发展观、把握主题主线、加快转方式调结构、全面推进"四化两型"、实现又好又快发展的重大举措，是经济社会发展的必然趋势。

5月14日 省委、省政府颁布《关于建设旅游强省的决定》。

5月25日—27日 中共中央政治局常委、国务院总理温家宝到湘西自治州古丈县、吉首市、花垣县就推进连片特困地区扶贫开发工作进行调研，并在吉首主持召开武陵山片区扶贫攻坚工作座谈会。

温家宝强调，要加大资金投入力度，加快建立和完善连片特困地区片区内各县的基本财力保障机制；加大社会帮扶力度，推动中央和国家机关、国有企业等到连片特困地区开展定点扶贫。要发挥当地干部群众的主体作用，明确责任，狠抓落实，尽快改变武陵山片区和其他连片特困地区的落后面貌。5月29日，召开省委常委扩大会议，传达学习贯彻温家宝在湘考察调研时的重要讲话和指示精神。

6月8日 省委、省政府发布《关于推进湘南承接产业转移示范区建设的若干意见》，加快推进湘南承接产业转移示范区建设。

9月27日 省第十一届人民代表大会常务委员会第三十一次会议通过《湖南省湘江保护条例》。2014年3月7日，省政府印发《〈湖南省湘江保护条例〉实施方案》。

10月26日 省委、省政府发布《关于进一步加快县域经济发展的决定》，全面推进"四化两型"建设。

11月8日—14日 中国共产党第十八次全国代表大会在北京举行。19日召开省委常委会议，就进一步深入学习宣传贯彻党的十八大精神作出部署。

11月20日 跨湘江桥面最宽的桥梁——长沙市福元路湘江大桥主线通车。

12月5日 召开省委常委会议，认真学习12月4日中共中央政治局会议审议通过的《十八届中央政治局关于改进工作作风、密切联系群众的八项规定》；会议强调，省委常委会全体同志要身体力行，从自己做起，带头贯彻执行中央有关改进工作作风、密切联系群众的各项规定。要进一步深入贯彻落实省委出台的《关于建立健全深入基层深入群众进一步密切党群干群关系若干制度的意见》。

12月6日 中共湖南省委十届四次全会在长沙举行。全会审议通过《中共湖南省委关于学习贯彻党的十八大精神进一步开创科学发展富民强省新局面的意见》。

12月19日 全省"绿色湖南"建设动员电视电话会议召开。会上发布"农村沼气池建设工程"等12项绿色湖南建设重点工作，就推进全省生态文明建设进行全面动员和部署。

12月25日 省委出台《关于改进工作作风密切联系群众的规定》，对各级领导干部进一步改进工作作风，始终保持同人民群众的血肉联系提出一系列明确要求。

本年度 全面推进"四化两型""四个湖南"建设。地区生产总值突破两万亿大关，为22154.2亿元。城镇居民人均可支配收入21319元，农民人均纯收入7440元。全省涉及民生支出2694.7亿元，占财政支出的比重达66%。城镇新增就业72.4万人。

二〇一三年

2月2日 中共湖南省第十届纪委第四次全会暨全省反腐败工作会议在长沙召开。会议指出，要认真贯彻落实习近平总书记重要讲话和十八届中央纪委第二次全会精神，把思想和行动高度统一到中央的新部署新要求上来，自觉抵制腐败，坚决反对腐败，把党风廉政建设和反腐败斗争不断引向深入。

3月1日 《湖南省长株潭城市群生态绿心地区保护条例》正式施行。这一条例的出台，为湖南省地方生态立法提供了示范，开启了立法保障绿色湖南和两型社会建设的先河。

5月18日 省委、省政府联合发布《关于对湖南省武陵山片区农村基层教育卫生人才发展提供重点支持的若干意见》，研究帮助片区破解发展瓶颈，让发展成果更大程度、更广范围惠及片区群众。

6月7日 召开省委常委会议，学习贯彻习近平总书记就生态文明建设、平安中国建设所作的重要讲话、重要指示精神，研究部署长株潭试验区改革建设和全省两型社会建设、平安湖南建设等工作。会议充分肯定了长株潭试验区改革建设和全省两型社会建设取得的成绩。会议强调，全面推进两型社会建设实现新突破，要着力转变经济发展方式，要突出抓改革创新。

6月17日 国防科大研制的天河二号超级计算机系统成为全球最快超级计算机，峰值计算速度达每秒5.49亿亿次，持续计算速度达每秒3.39亿亿次。

6月19日—20日 湖南省情推介暨重大项目发布会在香港举行。会上发布了全省重大招商项目396个，"港洽周"期间共签订合同外资项目148个，总投资158.7亿美元，涉及基础设施、产业发展、文化金融等领域，引进资金139.7亿美元。

7月1日 召开省委常委会议，就推进文化体制改革向纵深发展，提出一要加快推进第二阶段的改革，二要进一步提升文化产业的质量和效益，三要完善公共文化服务体系。

7月15日—18日 中共湖南省委十届七次全体（扩大）会议召开。会议审议通过《中共湖南省委关于分类指导加快推进全面建成小康社会的意见》。

7月20日 沪昆高铁跨京广高铁万吨斜拉桥实现对接合龙，该桥成为全国首例高铁跨高铁的转体斜拉桥。

7月 科技部发布首批创新型产业集群试点名单，株洲轨道交通装备制造创新型产业集群成为湖南省唯一入选的创新型产业集群。

8月22日 省委、省政府印发《关于分类指导加快推进全面建成小康社会的意见》，要求到2020年基本消除绝对贫困现象，基本实现全面小康目标。

9月29日 隆回县羊古坳乡牛形村"Y两优900"百亩片平均亩产达988.1公斤，超级杂交稻大面积亩产诞生新的世界纪录。

10月21日 《湖南省最严格水资源管理制度实施方案》出台，确立水资源开发利用控制、用水效率控制、水功能区限制纳污3条红线，标志着湖南省正式实施最严格水资源管理制度。

11月3日—5日 中共中央总书记、国家主席、中央军委主席习近平来到湘西、长沙等地，深入农村、企业、高校，考察经济社会发展情况，推动少数民族和民族地区加快发展。在十八洞村考察调研时，首次提出"精准扶贫"重要论述。习近平指示湖南发挥作为"东部沿海地区和中西部地区过渡带、长江开放经济带和沿海开放经济带结合部"的区位优势。"一带一部"的战略新定位，为湖南在中国区域经济布局中锚定了方位、指明了方向。6日，省委召开常委扩大会议，传达学习贯彻习近平在湖南考察时的一系列重要讲话精神。

11月13日　省委召开常委扩大会议，传达学习党的十八届三中全会精神。会上，省委主要领导原原本本传达了习近平总书记在全会第二次全体会议上的重要讲话、在全会上关于中央政治局工作的报告、关于《中共中央关于全面深化改革若干重大问题的决定（讨论稿）》的说明。会议强调，全面深化改革的号角已经吹响，全省上下要迅速行动起来，按照中央的决策部署，坚定信心、凝聚共识、统筹谋划、协同推进，以改革创新精神推动当前各项工作，努力在全面深化改革、推动各项工作上取得新突破。一要进一步增强全面深化改革的责任感和紧迫感，二要毅然决然地全面推进各领域各环节改革，三要统筹推进各项事业发展。

11月28日　首届湘南承接产业转移投资贸易洽谈会在郴州举行。境内外900多家企业、省内其他市州及省直有关部门代表共1000余人到会，现场签约49个项目，总投资614.8亿元。

12月3日　省全面建成小康社会推进工作领导小组下发《分类指导加快推进全面建成小康社会考评办法》，为全省全面建成小康社会提供考评标准。

12月6日　中共湖南省委十届八次全体会议在长沙举行。全会审议通过《中共湖南省委关于深入学习贯彻党的十八届三中全会精神的决议》。全会强调，党的十八届三中全会是在我国进入全面建成小康社会决定性阶段、改革开放新的重要关头召开的一次重要会议，要在全省上下进一步兴起深入持久学习宣传贯彻三中全会精神的热潮，推动全省改革发展稳定各项工作。

12月9日 国家民委、国家开发银行在长沙召开支持武陵山片区区域发展与扶贫攻坚试点工作会议，研究部署开发性金融支持武陵山片区区域发展与扶贫攻坚试点工作。

12月28日 衡柳铁路建成后，湘桂两地间首次开通高铁，全线途经衡阳、祁东、永州、桂林、柳州，全长497.9公里。

12月30日—31日 省委经济工作会议在长沙召开，学习贯彻党的十八届三中全会和中央经济工作会议、城镇化工作会议、农村工作会议精神，总结2013年经济工作，部署2014年经济工作。会议提出，坚持稳中求进工作总基调，把改革创新贯穿于经济社会发展各个领域各个环节，以分类指导全面建成小康社会为总揽，促进"三量齐升"，推进"四化两型"，促进经济持续健康发展、社会大局和谐稳定。

本年度 地区生产总值24501.7亿元。全部工业增加值为10001.0亿元，比上年增长11.1%，规模以上工业增加值增长11.6%。固定资产投资总额（不含农户）18381.4亿元。社会消费品零售总额8940.6亿元。进出口总额251.6亿美元。公共财政收入3307.3亿元。

二〇一四年

1月28日 中国共产党湖南省第十届委员会第九次全体会议在长沙举行。全会原则通过《中共湖南省委贯彻落实〈中共中央关于全面深化改革若干重大问题的决定〉的实施意见》。同日，省委全面深化改革领导小组成立。

2月14日 省委、省政府印发《关于全面深化农村改革进一步增强农业农村发展活力的意见》。

2月22日 省政府印发《〈湖南省湘江保护条例〉实施方案》，标志着省政府"一号重点工程"正式确定"路线图"。

2月24日 罗霄山片区区域发展与扶贫攻坚工作会议在郴州汝城召开，协调推进《罗霄山片区区域发展与扶贫攻坚规划》实施。4月21日，省政府印发《关于支持我省罗霄山片区区域发展与扶贫攻坚的意见》，从9个方面，作出支持省内罗霄山片区区域发展与扶贫攻坚的部署。

2月 中共湖南省委办公厅、湖南省人民政府办公厅印发《关于创新机制扎实推进农村扶贫开发工作的实施意见》。全省精准扶贫有序推进。3月，制定《湖南省农村扶贫对象建档立卡工作方案》；7月，制定《全省贫困村识别和建档立卡工作方案》，确定8000个省级贫困村（后合并为6920个）的规模，成为全国第一个出台精准识别方案的省份。

3月1日 省委、省政府印发《关于进一步深化国有企业改革的意见》。这是湖南深化国企改革的纲领性文件，标志着湖南新一轮国企改革的开始。

同日 省委、省政府印发《关于加快发展村级集体经济的意见》。这是湖南省制定的第一个促进村级集体经济发展的文件。

3月20日 省委、省政府召开全省全面建成小康社会推进工作领导小组第二次全体会议强调，大湘西地区要以武陵山片区区域发展与扶贫攻坚试点为平台，推进精准扶贫。

同日 国家发展改革委印发《赣闽粤原中央苏区振兴发展规划》。《规划》明确，支持赣闽粤原中央苏区与湖南平江、浏阳、醴陵、攸县、茶陵、炎陵、安仁、永兴、资兴、桂东、汝城、北湖、苏仙、宜章、桂阳、嘉禾、耒阳、临武等地联动发展。

3月26日 省委1号文件发布。文件主题是全面深化农村改革，进一步增强农业农村发展活力。重点突出三个"百千万"工程，着力抓好"三项改革"。

4月4日 湖南省两型商务试点企业动员会在长沙举行。这标志着湖南正式启动两型商务试点工作，在全国率先打造商务领域生态文明建设先行区，力促传统商务企业转型发展。

4月10日 为减轻低收入群众基本生活的支出负担，保障其基本生活水平不因物价上涨而下降，湖南省动用4.91亿元省级价格调节基金，向全省城乡困难群众发放一次性临时价格补贴。此次补贴对象包括低保、五保对象和高校在校特困生，每人补贴100元，惠及低收入群众491.5万人。

4月14日 国务院正式批复《洞庭湖生态经济区规划》，标志着洞庭湖地区的开发正式上升为国家发展战略。

4月26日 中国五矿集团公司党组会同湖南省委组织部、湖南省国资委，宣布五矿有色金属控股有限公司与湖南有色金属控股集团公司合二为一，成为总部落户湖南的首家央企，资产总额达1169亿元，年营业收入逾1500亿元。

4月29日 长沙地铁2号线启动试运营，标志着长沙地铁时代正式来临。至2021年4月，长沙地铁开通载客运营七周年，运营线路长度突破161.02公里，运营车站增至114个。

4月 在总结试点经验的基础上，湖南率先提出"资金跟着穷人走、穷人跟着能人走、能人跟着产业项目走、产业项目跟着市场走"的"四跟四走"产业扶贫思路。

5月5日 召开省委常委会议，传达贯彻国务院依托黄金水道推动长江经济带发展座谈会精神等。会议强调，长江经济带建设将为湖南省发展带来十分难得的机遇，要深入贯彻习近平总书记关于湖南"一带一部"战略定位，以长江经济带建设为切入点，以洞庭湖生态区建设为依托，以岳阳城陵矶港为"桥头堡"，主动对接长江经济带，不断提高改革开放水平，推动湖南省经济持续健康发展。

5月16日 国内首条具有自主知识产权的中低速磁浮交通线路在长沙开建。2015年12月26日，长沙磁浮快线开通试运行，成为我国首条中低速磁浮商业运营示范线、世界上最长的中低速磁浮商业运营线。

7月3日—4日 中共中央政治局常委、国务院总理李克强在长沙、株洲考察调研。李克强充分肯定湖南近年来经济社会发展取得的成绩，嘱托湖南落实好党中央、国务院决策部署，抓住产业转移和长江经济带发展等重大机遇，推动科学发展，促进各项工作再上新台阶。7月7日，省委召开会议，传达学习李克强在湖南考察时的重要讲话精神。

7月6日—7日 全省推进新型城镇化工作会议在常德市召开。会议强调，要深入学习贯彻习近平总书记关于推进新型城镇化等一系列重要讲话精神，始终把质量作为关键和命脉，用改革创新的办法破解难题，走正、走实具有湖南特色的新型城镇化道路，为促进经济社会持续健康发展提供强大引擎。9月24日，省政府印发《湖南省推进新型城镇化实施纲要（2014—2020年）》。《实施纲要》作为一个时期指导全省城镇化发展的基础性、实施性文件，提出实施9大重点工程。

7月28日　省政府印发《关于加快文化创意产业发展的若干意见》，要求突出发展重点，引导产业集聚，培育壮大产业主体，强化要素保障，推动文化创意产业加快发展。

7月29日　省政府印发《关于建立统一的城乡居民基本养老保险制度的实施意见》，明确湖南省居民养老保险不再区分城乡，居民养老保险缴费档次、财政补助标准和养老金待遇水平全部统一。

9月3日　省农村信用社联合社、省扶贫办联合发文，在全国率先印发《关于开展金融产业扶贫工作的指导意见》。

9月12日　国务院发布《关于依托黄金水道推动长江经济带发展的指导意见》。《意见》提出长江经济带建设的重点任务，多处明确提到湖南，给湖南发展带来重大机遇。长沙被列为重点建设的全国性综合交通枢纽，成为长江中游城市群中心城市。

9月15日　湖南召开创新创业大会，旨在适应经济发展新常态，培育创新创业精神，壮大创新创业主体，扩大创新创业领域，完善体制机制，让想创业的人创新业，正创业的人创好业，善创业的人创大业。

9月30日　湘潭电化集团拉闸停产退出竹埠港，至此竹埠港化工企业全部退出。

10月17日　湖南开展首个扶贫日系列活动，包括社会扶贫先进表彰、百企产业扶贫项目启动、"心系扶贫"百万群众签名、献爱心扶贫捐赠等活动。

10月20日 省政府印发《关于促进工业地产发展的意见》，提出12项具体政策措施，要求高起点、高标准制定工业地产发展规划，推动优势产业、优势企业向工业地产集中，引导工业地产集聚式发展。

10月24日 省委召开常委（扩大）会议，传达学习党的十八届四中全会精神。会议强调，要全面推进依法治省，加快建设法治湖南。对照《关于全面推进依法治国若干重大问题的决定》精神，抓好四项工作。

10月30日 长株潭作为全国唯一的城市群，同北京、上海、天津等城市一道列为"宽带中国"首批示范城市。这是湖南省推进信息化建设的又一重大标志性事件。

同日 湖南省首条直达欧洲的国际铁路货运班列——"湘欧快线"开通运营，改变湖南无直达境外国际货运班列的历史。至此，湖南省已有"两空三水十二路"口岸、电子口岸及特殊监管区域共26个口岸和口岸平台，形成水陆空立体口岸开放体系。

10月 湖南成立以省长为组长，省委副书记和分管副省长为副组长的省扶贫开发领导小组，省扶贫办等42个部门为成员单位。2018年6月，省扶贫开发领导小组实行省委书记、省长"双组长"制，同时新增13个省直部门为成员单位。

11月4日 国家超级计算长沙中心在湖南大学揭牌运营。国家超级计算长沙中心于2010年10月由科技部批准组建，成为继天津和深圳之后获批建设的第三家国家级超级计算中心。

11月21日 全国血吸虫病防治工作会议在长沙召开。中共中央政治局常委、国务院总理李克强作出重要批示，要求将打好血吸虫病歼灭战作为保障和改善民生的重大工程毫不松懈地抓实抓好。

中共中央政治局委员、国务院副总理刘延东出席会议并听取血吸虫病防治工作部际联席会议汇报，强调要认真贯彻李克强总理重要批示精神，全面落实国家2004—2015年血吸虫病防治中长期规划纲要，确保如期实现防治目标。

11月27日 省政府在长沙召开省农信联社扶贫小额信贷投放试点启动会议，开启了全国扶贫小额信贷的先河；12月，国家五部委参考湖南试点经验，印发《关于创新发展扶贫小额信贷的指导意见》。2015年3月28日，全国扶贫小额信贷座谈会在麻阳苗族自治县召开。湖南扶贫小额信贷工作以麻阳为试点开展，继而在全省23个重点县全面开展试点。湖南出台的《关于开展金融产业扶贫工作的指导意见》《关于进一步加强扶贫小额信贷规范管理和风险防控工作的通知》等一系列文件，指导全省建立起县乡村三级金融扶贫服务体系，实现了对贫困村扶贫小额信贷业务全覆盖。

12月6日 中共湖南省第十届委员会第十一次全体（扩大）会议在长沙举行。全会审议通过《中共湖南省委贯彻落实〈中共中央关于全面推进依法治国若干重大问题的决定〉的实施方案》，这是继在全国率先出台《法治湖南建设纲要》后，法治湖南建设的又一重大举措，是湖南贯彻落实中央依法治国决定的"路线图"，为在新起点上推进法治湖南建设作出顶层设计。

12月11日 国务院批复同意支持长沙、株洲和湘潭3个国家高新技术产业开发区建设国家自主创新示范区，长株潭自主创新示范区正式上升为国家战略。2015年11月5日，省委、省政府印发《关于建设长株潭国家自主创新示范区的若干意见》。2016年2月1日，《长株潭国家自主创新示范区发展规划纲要（2015—2025年）》获科技部等11个部委批复。两个文件对该示范区建设具有宏观指导作用。

12 月 16 日　沪昆高铁长沙以西湖南段正式开通运营，标志着沪昆高铁湖南段全线贯通。至此，沪昆与京广两条高铁在长沙交会，湖南省高铁里程超过 1000 公里，成为中国高铁版图上的黄金枢纽。

12 月 27 日　国产首台大直径全断面硬岩隧道掘进机（敞开式 TBM）在铁建重工下线，标志着我国现代化隧道施工装备已经达到世界领先水平。

本年度　地区生产总值 27048.5 亿元。一般公共预算收入 3629.7 亿元。居民人均可支配收入 17622 元，其中城镇居民人均可支配收入 26570 元，农村居民人均可支配收入 10060 元。城镇居民人均消费支出 18335 元，农村居民人均生活消费支出 9025 元。新增城镇就业人员 82.7 万人。

二〇一五年

1月4日 湖南卫星导航定位公共服务平台（HNCORS）北斗信号加载调试工作全部完成，成为全国首家且唯一能提供北斗信号的省级地基增强系统（CORS）。

1月14日 湘江株洲至城陵矶2000吨级标准航道全线贯通。该项目是湖南省"十二五"内河航运建设的重点工程，也是湖南水运发展"一纵五横十线"的重点项目之一。

1月15日 省委、省政府印发《关于促进非公有制经济发展的若干意见》。

1月20日 全省加速推进新型工业化工作会议召开。会议宣布，2014年全省规模工业增加值首次突破1万亿元大关，是2005年全省规模工业增加值的5倍，且提前1年实现"十二五"工业发展目标。

1月22日 全省农业工作会议在长沙召开。会议强调全省农业农村工作要认真贯彻中央和省委、省政府"三农"工作部署，以稳粮增收调结构、提质增效转方式为主线，以实施三个"百千万"工程为抓手，深化农村改革，加快推进现代农业和新农村建设。会议对农村承包土地确权等工作进行了部署。本年，湖南省被列为全国第二批农村土地承包经营权确权登记颁证整省推进试点省份。

1月28日 长株潭城市群两型社会综合改革试验区首个综合保税区正式诞生。湘潭综合保税区于2013年9月7日由国务院批复同意设立，总规划面积3.12平方公里。

2月2日 湘江长沙综合枢纽第一台机组正式并网发电,标志着湘江流域梯级开发的最下游一级正式投产运行。

2月3日 省政府印发《湖南省环境保护工作责任规定(试行)》。该《规定》是新修订的《中华人民共和国环境保护法》实施后湖南出台的首个配套办法,对县级以上人民政府、省直34个职能部门、企事业单位和社会机构的环境保护职责做出了明确规定。

2月9日 省委全面深化改革领导小组第八次会议审议《湖南省全面深化财税体制改革实施方案》,明确目标任务,稳步推进实施,力争到2020年基本建立现代财政制度。

2月10日 省委、省政府印发《关于加大改革创新力度加快农业现代化建设的实施意见》。《意见》为湖南"两型"农业现代化道路指明了方向。

2月13日 中共湖南省委组织部、湖南省扶贫开发领导小组办公室出台《从省直和中央驻湘单位选派干部开展驻村帮扶工作实施方案》,明确参与驻村帮扶的省直和中央驻湘单位共189个,分别安排在51个国家、省扶贫开发工作重点县。2017年,省派工作队增加到225支,全部派往贫困县中的贫困村。

3月21日 全省全面建成小康社会推进工作会议召开。会议强调,全省上下要主动适应新常态,始终突出全面建成小康社会的战略统领地位,充分发挥全面建成小康社会的目标牵引作用,抓住关键环节,明确工作重点,破解难题瓶颈,善补发展短板,凝心聚力抓好当前中心工作,全力打好全面建成小康社会攻坚战。

4月5日 国务院批准实施《长江中游城市群发展规划》,环长株潭城市群融入国家重大发展战略。《规划》明确坚持走新型城镇化道路,强化长沙、武汉、南昌中心城市地位;提出打造中国经济发展新增长极、中西部新型城镇化先行区、内陆开放合作示范区、两型社会建设引领区的战略定位，以及到 2020 年和 2030 年两个阶段的发展目标。

4 月 8 日　国务院发布《关于同意设立湖南湘江新区的批复》，同意设立湖南湘江新区。湖南湘江新区成为中国历史上第 12 个国家级新区，也是中部地区首个国家级新区。5 月 4 日，国家发改委发布《关于印发湖南湘江新区总体方案的通知》。5 月 24 日，省委、省政府主要领导为湘江新区授牌，标志着新区建设正式启动。

4 月 20 日　省委、省政府在湘西自治州主持召开全省扶贫工作座谈会，提出突出兜底保障"全覆盖"、突出培育产业"强支撑"、突出基础建设"补短板"、突出教育培训"治穷根"、突出易地搬迁"挪穷窝"。

4 月 25 日　国家发改委高分子复杂结构增材制造国家工程实验室建设启动仪式在长沙举行，这是增材制造（3D 打印）领域全国首个国家级工程实验室，标志着长沙的 3D 打印技术水平在全国走在前列。

4 月 27 日　省委、省政府印发《关于促进创新创业带动就业工作的实施意见》。

4 月 29 日　湖南国有资产经营管理公司正式挂牌成立。湖南省深化国企改革又迈出重要一步。

同日　省委办公厅、省人民政府办公厅印发《关于进一步加强干部驻村帮扶工作的意见》。

4 月底　省委、省政府印发《湖南省生态文明体制改革实施方案（2014—2020 年）》，为全国首个同类改革实施方案，标志湖南省生态文明体制改革的顶层设计基本完成。

5 月 1 日　《湖南省人力资源市场条例》正式施行。这是湖南省首部人力资源市场条例。《条例》的实施为全省统一的人力资源市场奠定坚实的法制基础。

5月13日 湖南城陵矶国际港务集团有限公司揭牌暨21世纪海上丝绸之路岳阳—东盟接力航线开通仪式在岳阳城陵矶新港码头举行。这是湖南、上海携手融入国家"一带一路"倡议、加快推进长江经济带建设的重要举措。

5月24日 上海大众汽车有限公司长沙工厂正式建成投产，首辆轿车下线。该项目对提升湖南汽车产业整体水平、推进"大众创业、万众创新"起到重要的示范和带动作用。

5月31日 由中国华能集团公司投资13.5亿元建设、总装机规模15万千瓦的苏宝顶风电场正式投产发电。这是湖南装机容量最大的风力发电场，也是国内一次性建成规模最大的高山风电场，对调整湖南能源结构、保护生态环境，促进地区经济可持续发展具有积极意义。

6月 湖南科技大学领衔研制的多用途钻机"海牛号"在南海海试成功，首次实现在水深超过3000米的深海海底对海床进行60米钻探，标志着我国深海钻机技术跻身世界一流。

6月18日 中共中央总书记、国家主席、中央军委主席习近平在贵州召开部分省区市党委主要负责同志座谈会，听取对"十三五"时期扶贫开发工作和经济社会发展的意见和建议。19日，省委召开常委会会议，传达学习座谈会重要讲话精神，研究部署贯彻落实意见。会议强调，全省各级党委、政府要切实落实领导责任，党政一把手要负总责，要对照习近平总书记提出的"六个精准"要求，出实招、谋实策、见实效。

6月26日 湖南首批制造强省重点项目启动暨智能制造示范企业授牌仪式在长沙举行。

6月29日 "2015中俄红色旅游合作交流系列活动"在韶山市

正式启动。这是我国红色旅游发展历史上首次在国家层面与外国开展的合作。

7月4日 湖南永顺老司城遗址、湖北唐崖土司遗址、贵州播州海龙屯遗址联合申报的"土司遗址"成功列入世界文化遗产。湖南实现世界文化遗产"零的突破"。

7月20日 中共湖南省第十届委员会第十三次全体（扩大）会议在长沙举行。全会审议通过《中共湖南省委关于实施精准扶贫加快推进扶贫开发工作的决议（草案）》，全面部署和推动精准识贫、精准扶贫、精准脱贫工作。

同日 省委、省政府印发《湖南省新型城镇化试点工作总体实施方案》，决定将5个地级市（城市群）、望城区等15个县市区（新城）、岳麓区莲花镇等28个建制镇作为全省新型城镇化试点地区。

7月30日—8月3日 省委举办省直部门和市州、县市区党政主要领导扶贫开发主题培训班。

8月1日 湖南、贵州两省党政代表团在怀化举行建设高铁经济带座谈会，并签署两省政府关于建设湘黔高铁经济带合作框架协议。湘黔合作交流迈入"高铁时代"。

8月 省委办公厅印发《关于在"三严三实"专题教育中开展领导干部"进村入户、访困问需、访贫问计"活动的实施方案》的通知，9月至11月底，全省各级领导干部到个人或单位所联系的贫困村、贫困户开展"一进二访"活动。

9月9日 省委、省政府发出《关于印发〈湖南省新型城镇化规划（2015—2020年）〉的通知》，对湖南新型城镇化工作进行全面系统部署。

9月22日 省委召开会议，对全省乡镇行政区划调整和建制村合并工作进行动员和部署，标志着全省乡镇区划调整改革工作启动。

29 日，省委、省政府印发《关于开展乡镇区划调整改革工作的意见》，《意见》明确调整合并后全省乡镇总数控制在 1500 个左右，建制村总数控制在 2.5 万个左右。

9 月 27 日　省政府印发《关于扩大有效投资稳定经济增长的意见》。《意见》提出"强化稳增长政策的落实""加快行政审批制度改革"等 11 条政策措施，以充分发挥扩大有效投资对稳定经济增长的关键作用。

9 月 28 日　省委、省政府印发《关于做好 2015 年度全面小康考评与贫困县扶贫开发工作考核的通知》，在原来全面小康考评的基础上，强化对贫困县扶贫开发工作考核。

9 月 30 日　省住建厅、省发改委、省财政厅联合印发《关于印发〈湖南省农村危房改造整体推进省级示范实施方案〉的通知》，强调整体推进农村危房改造，建成美丽乡村。

9 月　省扶贫开发领导小组印发《关于建立贫困县约束机制的意见》，规范约束贫困县项目建设内容。

9 月　省扶贫办与人民银行长沙中心支行、国开行湖南省分行等 6 家金融机构签订金融扶贫战略框架合作协议，深入开展金融扶贫合作。

10 月 29 日　涔天河水库灌区工程在江华瑶族自治县正式开工建设。灌区涉及江华、江永、道县、宁远 4 个县 41 个乡镇，设计灌溉面积 111.46 万亩，以农业灌溉为主，兼顾改善当地农村生活供水条件。

同日　省政府办公厅发出《关于印发〈湖南省城乡居民大病保险实施方案〉的通知》，明确大病保险覆盖所有城镇居民基本医疗保险、新型农村合作医疗和城乡居民基本医疗保险参保人群。

10 月 30 日　省委召开会议，传达学习党的十八届五中全会精神，研究我省贯彻落实意见。会议强调，五中全会旗帜鲜明地提出了创新、协调、绿色、开放、共享的发展理念，为谋划全省"十三五"发展明确了思路、方向和着力点。

11月5日 省委、省政府印发《关于加快推进生态文明建设的实施意见》。

11月8日 省政府办公厅印发《湖南省教育扶贫规划（2015—2020年）》的通知，要求到2020年，贫困地区基本公共教育服务水平接近全省平均水平。

11月12日 省政府印发《湖南省贯彻〈中国制造2025〉建设制造强省五年行动计划（2016—2020年）》，核心内容是以智能制造为主攻方向，重点支持12大重点产业，实施7大专项行动，打造4大标志性工程，简称"1274"行动。

11月14日 首台国产铁路大直径盾构机在长沙下线，填补了我国铁路大直径盾构机自主品牌的空白。

11月19日 省政府发出《关于印发〈湖南省教育综合改革方案（2015—2020年）〉的通知》，提出基本建成教育强省、基本实现教育现代化的总体目标。

11月23日 省政府印发《关于取消非行政许可审批事项的决定》，取消13项非行政许可审批事项，将10项非行政许可审批事项调整为政府内部审批事项。

11月24日—25日 中共湖南省第十届委员会第十五次全体（扩大）会议在长沙举行。全会审议通过《中共湖南省委关于制定湖南省国民经济和社会发展第十三个五年规划的建议》。全会深入分析"十三五"时期湖南省发展环境的基本特征，提出"十三五"时期全省发展的指导思想和全省全面建成小康社会新的目标要求。

11月26日 省委、省政府发出《关于深化体制机制改革加快实施创新驱动发展战略的实施意见》。

12月1日 省委召开专题会议，传达学习中央扶贫开发工作会议精神，研究湖南贯彻落实的总体意见。会议强调，要切实把思想和行动统一到习近平总书记等中央领导同志的重要讲话精神和中央的部署要求上来，把脱贫攻坚作为重大政治任务，坚定信心决心，咬定目标任务，向贫困发起总攻，落实再落实，苦干再苦干，坚决打赢脱贫攻坚战。

12月4日 湖南省第十二届人民代表大会常务委员会第十九次会议通过《湖南省农村扶贫开发条例》，把扶贫开发纳入法治化轨道。

同日 省政府在茶陵县召开易地扶贫搬迁安置小区项目启动会，湖南省"十三五"易地扶贫搬迁工作正式启动。2020年3月，省政府宣布"十三五"易地扶贫搬迁建设任务全面完成，建成住房18.7万套、集中安置项目2764个，安置区基础配套设施和公共服务设施基本完善，69.4万搬迁群众搬进了新房子，97.4%的搬迁对象实现脱贫。

12月7日 2015年两院院士增选结果揭晓，湖南省7位专家当选。这是历届增选中湖南省当选两院院士最多的一次，是湖南省高层次创新型人才队伍建设取得的又一重大成就。湖南两院院士增至58位。

12月14日 省委印发《关于繁荣发展社会主义文艺的实施意见》。

12月22日 省委召开会议，传达学习中央经济工作会议、中央城市工作会议精神。会议强调，要深入学习领会会议精神，始终坚持以经济建设为中心，切实增强对新常态的认识、把握、适应和引领，把推动供给侧结构性改革作为来年经济工作的重中之重，努力推动经济持续健康发展。

12 月 28 日　省政府印发《关于大力发展电子商务加快培育经济新动力的实施意见》，通过一系列扶持政策，把湖南打造成在全国具有较强影响力的区域性电子商务中心，促进经济提质增效升级。

本年度　地区生产总值 29047.2 亿元。居民人均可支配收入 19317 元，其中城镇居民人均可支配收入 28838 元，农村居民人均可支配收入 10993 元。城镇居民人均消费支出 19501 元，农村居民人均生活消费支出 9691 元。新增城镇就业人员 78.0 万人。

二〇一六年

1月18日 省发改委、省扶贫办、省财政厅、省国土资源厅、省住建厅、人民银行长沙中心支行联合印发《湖南省"十三五"时期易地扶贫搬迁实施意见》，这是全省"十三五"易地扶贫搬迁工作的第一个指导性、规范性文件。

1月18日—20日 中共中央政治局委员、国务院副总理、国务院扶贫开发领导小组组长汪洋在湖南宣讲中央扶贫开发工作会议精神。他强调，各地区、各有关部门要认真贯彻落实党中央、国务院关于打赢脱贫攻坚战的决策部署，认真学习领会习近平总书记扶贫开发重要战略思想，充分认识脱贫攻坚的重要性和艰巨性，充分发挥政治优势和制度优势，注重激发贫困地区干部群众内生发展动力，不断提高脱贫工作精准度和有效性，确保贫困群众如期实现脱贫。

1月25日 省纪委以1号文件印发《关于在脱贫攻坚战中严明纪律加强监督执纪问责的通知》，要求全省各级纪检监察机关（机构）在脱贫攻坚战中加强监督执纪问责。

1月30日 湖南省十二届人大五次会议审议通过《湖南省国民经济和社会发展第十三个五年规划纲要》。

2月3日 省政府办公厅印发《湖南省常住户口登记管理办法》，此后湖南省将不再有农业户口与非农业户口之分，常住户口将统一登记为居民户口。

2月5日 环保部授予全国22个地区"国家生态市、县（市、区）"

称号，长沙县成为湖南省首个荣获国家生态市（县、区）称号的地区。

2月27日 省委、省政府印发《关于加快农业现代化建设确保实现全面小康目标的意见》。

3月1日 省委、省政府印发《关于继续深入实施湘西地区开发战略促进全面建成小康社会的意见》。

3月8日 习近平总书记在参加十二届全国人大四次会议湖南代表团审议时，强调要创造性开展工作，着力推进供给侧结构性改革，着力加强保障和改善民生工作，着力推进农业现代化，让广大人民群众有更多获得感。在"三个着力"指引下，湖南省委、省政府采取有力措施提高农业综合效益和竞争力，以科技为支撑走内涵式现代农业发展道路，实现藏粮于地、藏粮于技。

3月14日 全国首个专业的国际低碳技术交易平台——湖南省国际低碳技术交易中心正式成立。

3月19日 国内首台全电脑三臂凿岩台车在位于长沙的中国铁建重工集团有限公司下线。这一装备填补了我国工程机械行业在隧道工程施工装备领域的空白。

3月30日 湖南旅游发展大会在长沙召开。会议强调，贯彻落实党中央、国务院决策部署，实施全域旅游战略，加快建设旅游强省。

4月1日 省委、省政府印发《关于深入贯彻〈中共中央国务院关于打赢脱贫攻坚战的决定〉的实施意见》。

4月27日 省委、省政府印发《关于推进价格机制改革的实施意见》。

5月10日 湖南省劳务协作脱贫试点工作启动仪式在长沙举行。长沙、株洲、湘潭三市分别与湘西自治州签订劳务协作脱贫试点合作协议。

5月19日 省委、省政府印发《关于推进供给侧结构性改革的实施意见》。

5 月 28 日　省委、省政府在长沙举行加强产融学合作，推进湖南"十三五"发展座谈会，与部分央企、金融机构和科研院校签署战略合作协议。这是湖南省加强产融学合作的又一重要成果，也是落实国家"十三五"战略规划、加快推进供给侧结构性改革的重要举措。2006—2015 年，在国务院国资委支持下，湖南共与 72 家央企实施合作项目 360 余个。"十二五"期间，湖南省累计实现金融市场融资 2.04 万亿元。

6 月 2 日　省委、省政府印发《关于加快金融业改革发展的若干意见》。

6 月 6 日　省委、省政府印发《关于进一步加强和改进城市规划建设管理工作的实施意见》。《实施意见》立足湖南省"一带一部"的战略定位，从区域协调、城乡统筹、"五化同步"的高度谋划城市发展，提出 6 大重点任务、30 项具体意见。

同日　省委、省政府印发《关于支持湖南湘江新区加快改革发展的若干意见》。

6 月 12 日　省政府印发《关于进一步健全特困人员救助供养制度的实施意见》，以解决城乡特困人员突出困难、满足城乡特困人员基本需求为目标，将符合条件的特困人员全部纳入救助供养范围。

6 月 17 日　全省深化医药卫生体制综合改革试点工作会议在长沙召开，标志湖南省综合医改试点正式启动。会议提出，实施 8 个方面 33 项医改任务。

7 月 5 日　中共中央政治局常委、国务院总理李克强来到岳阳市，视察指导防汛抗灾工作。李克强明确要求，确保大江大湖大堤安然无恙，确保整个流域的安全，要把保障人民群众生命财产安全顶在头上。

7月8日 省政府办公厅印发《关于推进贫困县统筹整合使用财政涉农资金工作的实施意见》。

8月1日 省政府办公厅印发《关于印发〈社会保障兜底脱贫对象认定工作方案〉的通知》，全面开展社会保障兜底脱贫对象的精准认定工作。

8月8日 湖南首张农村土地承包经营权证颁发，这标志着湖南省巩固完善农村基本经营制度迈出关键一步。

同日 "湖南南山国家公园"获国务院批复通过，对打造湘西南生态圈、促进武陵山片区脱贫致富，具有十分重要的战略意义。

8月15日 省委办公厅、省政府办公厅印发《关于建立贫困退出机制的实施意见（试行）》，提出以脱贫实效为依据，以群众认可为标准，建立严格、规范、透明的贫困退出机制，促进贫困人口、贫困村、贫困县科学有序退出。

同日 省委办公厅、省政府办公厅发出《关于印发〈市州、县市区党委和政府脱贫攻坚工作考核办法〉和〈省直和中央驻湘单位扶贫开发责任制考核办法〉的通知》，决定分类考核市县脱贫攻坚工作，并建立扶贫绩效第三方评估机制，坚持正向激励与责任追究并重，促进市县全面落实精准扶贫、精准脱贫主体责任；对省直单位实行扶贫开发责任制，并对省直和中央驻湘单位行业（部门）扶贫和驻村帮扶工作进行考核。

8月29日 省政府宣布，湖南积极推进全省地理空间大数据建设，全省14个市州全部完成数字城市地理信息基础工程建设，建成以"一网一库一平台"为核心的"数字湖南"基础工程体系，建成122个覆盖全省域基准网站，全省21.18万平方公里实现矢量电子地图全覆盖。

9月6日 2016中国（长沙）智能制造峰会开幕式在长沙举行。

湖南省以这次智能制造峰会为契机，在工信部等有关部委的支持指导下，充分发挥智能制造对传统产业转型升级的促进作用、对新兴产业发展的引领作用，深入推进湖南制造业供给侧结构性改革，推动"湖南制造"向"湖南智造"跨越。

9月12日　中国（湖南）国际旅行商大会暨中国湖南国际旅游节在张家界开幕。这是湖南首次举办国际旅行商大会。

9月19日—21日　全国产业精准扶贫现场观摩会在湖南召开，湖南探索创新的"四跟四走"产业扶贫新模式面向全国推广。

9月26日　省委、省政府印发《湖南省贯彻落实〈法治政府建设实施纲要（2015—2020年）〉实施方案》。

9月　湖南印发《关于加大脱贫攻坚力度支持革命老区开发建设的指导意见》，强调着力破解发展瓶颈，重点解决民生领域突出困难和问题，推动老区全面建成小康社会，让老区人民共享改革发展成果。

10月11日　湖南省重大工程项目湘江土谷塘航电枢纽4号机组并网发电，至此，该枢纽的4台机组全部投产，枢纽进入全面运营阶段。土谷塘航电枢纽的建成投产，标志着湘江8个梯级枢纽中的最后一级开发建设完成。

10月19日　首届亚太低碳技术峰会在长沙召开。本次峰会的主题为"专注低碳技术·共创绿色未来"，旨在研讨和推动低碳技术领域的国际合作，促进经济转型。大会发布《长沙宣言——亚太低碳技术发展倡议》。

10月21日　省委、省政府印发《关于贯彻落实创新驱动发展战略建设科技强省的实施意见》。该文件是贯彻落实全国科技创新大会精神以及《国家创新驱动发展战略纲要》作出的重大决策，是湖南全面实施创新驱动发展战略的纲领性文件。

10 月 24 日—27 日　中共十八届六中全会召开。全会通过《关于新形势下党内政治生活的若干准则》和《中国共产党党内监督条例》。全会明确习近平总书记党中央的核心、全党的核心地位，号召全党同志紧密团结在以习近平同志为核心的党中央周围，牢固树立政治意识、大局意识、核心意识、看齐意识、坚定不移维护党中央权威和党中央集中统一领导。28 日，省委召开会议，传达学习党的十八届六中全会精神和习近平总书记在六中全会第二次全体会议上的重要讲话精神。会议强调，切实把思想和行动统一到党中央决策部署上来；全面贯彻落实《关于新形势下党内政治生活的若干准则》和《中国共产党党内监督条例》，确保全面从严治党落到实处、取得实效。

同日　创下桥梁建设 7 个"世界第一"的汝郴高速赤石大桥通车运营。这是继矮寨特大悬索桥后，湖南建成的第二座世界级特大桥。

11 月 1 日　省发展和改革委员会、省文化改革发展领导小组办公室印发《湖南省"十三五"时期文化改革发展规划纲要》，提出"十三五"期间，将着力打造湖南文化发展升级版，持续推进文化强省建设，构建"一核两圈三板块"的文化产业发展格局，推进长株潭、大湘西、大湘南、环洞庭湖等 4 大板块差异化、特色化发展。到 2020 年，力争实现文化和创意产业总产值 7500 亿元，增加值突破 3000 亿元，占 GDP 比重达到 7%。

11 月 6 日　第二届全国生态文明建设高峰论坛暨城市与景区成果发布会在北京举行，湖南省浏阳市获颁"美丽中国典范城市"称号，是全国唯一获此殊荣的城市。

11 月 8 日　总投资约 57.8 亿元的长沙国际会展中心建成落地，成为湖南最大、功能最全的综合性会展场馆。

11月15日—19日　中国共产党湖南省第十一次代表大会召开。这是在湖南全面建成小康社会决胜阶段、开启实现基本现代化新征程关键时期召开的一次十分重要的大会。大会提出实施创新引领开放崛起战略，奋力建设富饶美丽幸福新湖南。

11月28日　2016中国（长沙）国际轨道交通博览会暨高铁经济论坛在长沙国际会展中心开幕。此次博览会主题为"轨道交通，改变世界"，展出范围涵盖轨道交通新技术、新产业、新装备、新材料，旨在依托中国轨道交通的产业优势，紧抓"一带一路"和全球轨道交通装备产业大发展的战略机遇，打造以轨道交通全产业链产品和服务为内容的成果展示、技术交流、国际合作平台。

12月2日　省政府印发《湖南省"十三五"科技创新规划》。湖南省首次将"科技规划"升级为"科技创新规划"，更加突出科技与经济、科技与创新的结合，并首次提出详尽的10大产业技术创新链发展规划，实现技术创新"点的布局"向整个产业创新"链的布局"的转变。

同日　省委发布《印发〈关于深化人才发展体制机制改革的实施意见〉的通知》。

12月13日　省委、省政府印发《关于全面深化长株潭两型试验区改革加快推进生态文明建设的实施意见》。

12月15日　省民政厅、省财政厅、省扶贫办等多部门联合印发《湖南省农村低保制度与扶贫开发政策有效衔接工作实施方案》。

12月21日　芙蓉大道全线通车。芙蓉大道北至岳阳湘阴，南通长沙主城区，延伸至湘潭，全长约120公里，是湖南最长城际主干道，被称为"三湘第一路"。

12月23日　推进"中国制造2025"工作现场会暨国家制造强国建设领导小组第四次会议在长沙召开。中共中央政治局常委、国务院总理李克强作出重要批示，强调要以新发展理念为引领，以推进供给侧结构性改革为主线，形成新动能培育与传统动能改造提升互促共进的良性循环；要着力弘扬企业家精神和工匠精神，提升中国制造水平。

12月26日 长株潭城际铁路正式开通运营，长株潭融城交通更加便捷，形成40分钟城际铁路圈。

年底 山东、湖南两地启动东西部扶贫协作。两地通过开展产业协作、人才交流等，有力地推动扶贫协作落地落实，带动了贫困人口稳定脱贫。

本年度 全省经济运行保持总体平稳、稳中有进、稳中向好的发展态势，实现"十三五"良好开局。地区生产总值31244.7亿元。居民人均可支配收入21115元，其中城镇居民人均可支配收入31284元，农村居民人均可支配收入11930元。居民人均消费支出15750元，其中城镇居民人均消费支出21420元，农村居民人均生活消费支出10630元。新增城镇就业人员77.4万人。

二〇一七年

1 月 23 日　省政府印发《湖南省土壤污染防治工作方案》，提出工作目标：到 2020 年，全省土壤污染加重趋势得到初步遏制，土壤环境质量总体保持稳定，农用地、建设用地和饮用水水源地土壤环境安全得到基本保障，局部突出污染问题得到有效治理，环境风险得到基本管控。到 2030 年，全省土壤环境质量稳中向好，农用地、建设用地和饮用水水源地土壤环境安全得到有效保障，土壤环境风险及隐患得到全面管控。

2 月 17 日　根据《中共中央办公厅国务院办公厅印发〈关于全面推行河长制的意见〉的通知》，湖南发布《关于全面推行河长制的实施意见》。2019 年 1 月，《湖南省全面推行河长制湖长制联合执法制度》发布，全面加强河湖管理保护，建立健全多部门联合执法机制。2021 年 6 月 10 日，省委全面深化改革委员会第十二次会议通过《关于全面推行林长制的实施意见》。

同日　省政府批复同意 2016 年申请贫困退出的武陵源区和洪江区脱贫摘帽。

2 月 18 日　全省扶贫开发工作会议在长沙召开。2016 年全省共减少贫困人口 125 万人，1053 个贫困村脱贫出列，武陵源区和洪江区 2 个省级贫困县率先脱贫摘帽。初步探索湖南特色的扶贫工作模式，"四跟四走"产业扶贫、"无抵押、无担保、基准利率"扶贫小额信贷、劳务协作脱贫等工作模式，得到中央肯定。

2月19日　省委农村工作会议在长沙召开，部署加快推进农业供给侧结构性改革等重点工作。

2月　湖南在全国率先开展"中国社会扶贫网"上线试点，积极搭建捐赠者与受捐者精准对接平台，逐步构建社会扶贫长效机制。

3月31日　省政府通过《湖南省"十三五"脱贫攻坚规划》。《规划》明确，到2019年51个贫困县全部摘帽，到2020年6924个贫困村全部退出。

4月5日　省人大常委会通过《湖南省大气污染防治条例》。《条例》要求，在大气污染重点区域城市建成区内，禁止新建、扩建钢铁、水泥、有色金属、石油、化工等重污染企业以及新增产能项目。《条例》于6月1日起施行。

4月13日　国家发展改革委、科技部、工业和信息化部、国土资源部、国家开发银行联合发出通知，湖南省中部"株洲－湘潭－娄底"获批全国首批12个老工业城市和资源型城市产业转型升级示范区（简称"产业转型升级示范区"）之一。

5月17日　长沙临空经济示范区新闻发布会召开。规划面积140平方公里的长沙临空经济示范区获批设立，成为继青岛、重庆、北京、上海、广州、成都后全国第七个、中部地区第一个国家级临空经济示范区，是长江经济带上重要的空铁联运枢纽，也是湖南"创新引领、开放崛起"的战略门户。

5月18日　湖南省科技奖励暨创新奖励大会在长沙召开，集中表彰为推进湖南省创新发展作出突出贡献的科技工作者和创新实践者。大会颁发"湖南创新奖"，39个项目获得湖南省首届创新奖。

5月19日　省委常委会议审议通过《省级领导同志联系指导贫困县脱贫攻坚主要职责》《市县党政正职脱贫攻坚工作问责规定（试行）》和《湖南省脱贫攻坚常态化联点督查工作方案》。会议强调，市县党政正职是脱贫攻坚的第一责任人，要抓住市县党政正职这个"关键少数"，通过问责这个"撒手锏"，倒逼脱贫攻坚主体责任落实。

同日 省扶贫办、省发改委联合印发《关于进一步做好"十三五"易地扶贫搬迁对象精准核实工作的通知》，在全国创新提出"先定区域后定人"的高精度识别方法。

6月27日 《长株潭衡"中国制造2025"试点示范城市群建设推进计划（2017—2019）》发布实施，《推进计划》将长株潭衡城市群列为湖南省制造强省行动的"排头兵"，明确长沙市实施智能制造工程，株洲市实施制造业创新能力建设工程，湘潭市实施高端装备创新工程，衡阳市实施工业强基工程。最终形成长沙"麓谷"、株洲"动力谷"、湘潭"智造谷"、衡阳"老工业基地转型升级示范区"协同错位、特色发展的产业新格局。

6月30日 省卫计委、省民政厅、省财政厅、省人社厅、湖南保监局、省扶贫办等6部门联合印发《关于印发湖南省健康扶贫工程"三个一批"行动计划实施方案的通知》。

6月 国务院办公厅通报表扬24个事项，湖南省及长沙市、株洲市、常德市、宜章县、吉首市、湘潭县共计9项工作"入榜"。其中优化营商环境、实施创新驱动、推进棚户区改造3项全省性工作获表扬。

7月17日—18日 中共湖南省第十一届委员会第三次全体会议召开，全会审议通过《中共湖南省委关于大力实施创新引领开放崛起战略的若干意见》。意见提出从科技创新、产品创新、文化创新、管理创新"四大创新"培育发展新动能；实施"五大行动"拓展开放新空间：实施对接500强提升产业链行动，实施对接"新丝路"推动走出去行动，实施对接自贸区提升大平台行动，实施对接湘商会建设新家乡行动，实施对接"北上广"优化大环境行动。

8月11日 省委常委会议召开，部署推进新兴优势产业链发展。会议强调，加快推进新兴优势产业链发展、着力振兴实体经济，是湖南落实"一带一部"区域定位、贯彻"中国制造2025"行动计划的具体举措，也是实现中部崛起的基础和保障。

8月16日 中共中央政治局常委、全国人大常委会委员长张德江在湖南检查《固体废物污染环境防治法》实施情况，提出要全面正确贯彻实施《固体废物污染环境防治法》，协同推进固体废物污染防治工作，切实打好生态保护和污染防治攻坚战。

8月30日 国家"两机"专项中国航发株洲航空动力产业园开工。"两机"专项是指航空发动机及燃气轮机国家科技重大专项。这一项目的实施，将进一步提升中小航空发动机自主研发和制造生产能力，进一步巩固株洲作为我国中小航空发动机制造基地的战略地位。

9月15日 环洞庭湖基本农田建设重大工程一期87个子项目，全部竣工并通过技术验收，累计完成基本农田建设总规模310.82万亩，新增耕地24.10万亩，累计投入项目资金63.63亿元。这是湖南省历史上建设规模和投资最大的农村土地整治工程。

9月21日 石长铁路动车首发式在长沙举行，正式开启常德和益阳两市的"动车时代"。

10月18日—24日 中国共产党第十九次全国代表大会在北京召开。27日，省委召开会议传达学习党的十九大精神和十九届一中全会精神，动员全省上下以党的十九大精神为统揽、以习近平新时代中国特色社会主义思想为指导，奋力开启新征程、加快建设新湖南。

11月1日 联合国教科文组织宣布长沙加入全球"创意城市网络"，成为世界"媒体艺术之都"。

11月8日 长沙市率先建立全国首个贫困劳动力劳务协作市场。

11月14日 中央文明办发布第五届全国文明城市名单，湘潭市和韶山市榜上有名。至此，湖南有6个城市（另4个为长沙、株洲、岳阳、常德）获"全国文明城市"称号。

11月24日 中共湖南省第十一届委员会第四次全体会议在长沙召开。全会深入学习贯彻党的十九大精神，听取和讨论省委常委会工作报告，审议通过《中共湖南省委关于深入学习贯彻党的十九大精神　加快建设富饶美丽幸福新湖南的意见》。

11月30日 省委深改组第三十次会议审议通过《中共湖南省委湖南省人民政府关于稳步推进农村集体产权制度改革的实施意见》，要求逐步构建归属清晰、权能完整、流转顺畅、保护严格的中国特色社会主义农村集体产权制度。《意见》提出推进改革的四大任务：对农村集体所有资产全面开展清产核资，摸清集体家底；科学确认农村集体经济组织成员身份；有序推进经营性资产股份合作制改革；积极推进集体资源性资产股份合作。

同日 永顺到吉首高速公路全线建成通车试运营。永吉高速公路为湖南省西北部区域重要省际通道，是湖南省高速公路网规划"七纵九横"中第七纵的重要组成部分。永吉高速公路建设创造高速公路施工领域的多个"国内首例"和"全省第一"。

12月1日 召开省委常委会会议，学习习近平总书记关于扶贫工作的重要论述，原则通过《湖南省关于支持深度贫困地区脱贫攻坚的实施方案》，研究部署全省脱贫攻坚工作。

12月4日 召开省委常委会（扩大）会议，专题研究经济形势和经济工作。会议首次提出，要在继续打好防范化解重大风险、精准脱贫、污染防治三大"攻坚战"的同时，将2018年确定为"产业项目建设年"，大力实施100个重大产业项目、100个重大科技创新项目、100个重大产品创新项目，引进100个500强企业、100

位科技创新人才，在全省上下大力营造抓项目兴产业、发展实体经济、加快转型升级的浓厚氛围，真正把创新引领开放崛起战略落实到一个个具体项目上，加快建设富饶美丽幸福新湖南。22日，省委经济工作会议首次下发了"五个100"的初步建议方案，列出了经整理的各市州"五个100"项目单子。

12月11日 省人民政府办公厅关于印发《湖南省贫困地区中小学校建设实施方案》的通知。2019年8月28日，省教育厅、省发改委、省财政厅、省扶贫办、省自然资源厅、省住建厅联合印发《湖南省乡镇芙蓉学校项目实施方案》的通知，全省乡镇芙蓉学校计划建设57所，其建设项目县遴选与项目建设方案于8月12日经省人民政府第42次常务会议同意，计划到2021年将建成100所芙蓉学校。

12月20日 省委办公厅、省政府办公厅联合印发《湖南省关于支持深度贫困地区脱贫攻坚的实施方案》，确定了保靖、泸溪等11个深度贫困县。

同日 马栏山视频文创产业园正式挂牌。2020年12月25日，被文化和旅游部确定为第二批国家级文化产业示范园区创建园区。

12月29日 省政府办公厅印发《洞庭湖生态环境专项整治三年行动计划（2018—2020年）》，突出推进洞庭湖生态环境十大重点领域和九大重点区域整治。2018年2月8日，召开电视电话会议，专题部署湘江和洞庭湖治理工作。

本年度 地区生产总值34590.6亿元。居民人均可支配收入23103元，其中城镇居民人均可支配收入33948元，农村居民人均可支配收入12936元。居民人均消费支出17160元。长沙市地区生产总值达到10200亿元，比上年增长9%，成为湖南省首个、全国第13个地区生产总值破万亿元的城市。

二〇一八年

1月30日 省委、省政府印发《湖南省环境保护工作责任规定》和《湖南省重大环境问题（事件）责任追究办法》，首次列入纪检监察机关的职责。

1月31日 湖南省监察委员会正式挂牌成立。按照党中央统一部署，湖南如期完成省市县三级监委组建挂牌。

2月1日 杭瑞高速洞庭湖大桥建成通车。该大桥全长2390米，主跨1480米。主跨长度在钢桁加劲梁悬索桥中排名国内第一、世界第二，被称为世界桥梁建设的"超级工程"。

3月1日 省委召开会议，传达学习党的十九届三中全会精神。会议强调，要认真学习贯彻全会精神特别是习近平总书记的重要讲话精神，切实增强"四个意识"，深刻领会把握党中央关于深化党和国家机构改革的重大意义，确保党中央各项决策部署在湖南落实落地。

3月23日 召开省委常委会会议，传达学习李克强总理在参加十三届全国人大一次会议湖南代表团审议时的重要讲话精神，学习贯彻《深化党和国家机构改革方案》，审议通过《关于实施乡村振兴战略开创新时代"三农"工作新局面的意见》。

3月30日 省委常委会召开会议，部署开展"深入贫困地区解决群众问题"专题调研。会议通过《关于开展"深入贫困地区解决群众问题"专题调研的工作方案》，会议决定，由省委常委带头，围绕脱贫攻坚、征地拆迁、"雁过拔毛"、涉法涉诉等问题，深入全省贫困地区开展调研督查。4月11日，按照省委统一部署安排，20余位省领导分赴全省40个国家重点（片区）县开展"深入贫困地区解决群众问题"专题调研。

4月10日 省委、省政府发布《关于实施乡村振兴战略开创新时代"三农"工作新局面的意见》。《意见》提出，深入落实习近平总书记对湖南"三农"工作的重要指示精神，坚定不移走中国特色社会主义乡村振兴道路，加强党对"三农"工作的领导。

4月14日 省生态环境保护委员会2018年第一次会议召开。会议通过《污染防治攻坚战三年行动计划（2018—2020年）》《污染防治攻坚战2018年"夏季攻势"任务清单》等文件，明确将精准施策，改善大气环境质量，多举措改善水环境质量，分类防治土壤环境污染，打好"蓝天""碧水""净土"三大保卫战。

4月20日 湖南新化紫鹊界梯田获"全球重要农业文化遗产"授牌。

4月23日 第六次罗霄山片区区域发展与脱贫攻坚部际联系会议在湖南省茶陵县召开，会议分析片区脱贫攻坚面临的新形势，研究部署2018年脱贫攻坚工作，确保到2020年罗霄山片区全部脱贫。

4月24日 全省扶贫工作暨作风建设年动员大会召开，会议下发《关于开展扶贫领域作风问题专项治理工作的通知》。

同日 省政府批复同意祁东县、双牌县、江永县、宁远县、鹤城区、洪江市、吉首市7个县市区脱贫摘帽。

4月25日 习近平总书记深入岳阳市君山华龙码头、东洞庭湖国家级自然保护区巡护监测站、城陵矶水文站等地视察，听取湖南省关于洞庭湖生态治理、湘江保护和治理、洞庭湖蓄洪区建设、脱贫攻坚等情况汇报。习近平总书记勉励湖南坚持共抓大保护、不搞大开发，继续做好长江生态环境保护和修复工作，守护好一江碧水。27 日，省委常委会召开扩大会议，传达学习习近平总书记在深入推动长江经济带发展座谈会上的重要讲话精神，会议指出要切实把习近平总书记的关怀与期望，转化为做好湖南工作的强大动力，结合贯彻"一带一部""三个着力"重要指示要求，更加奋发有为地做好各项工作。

4 月 28 日　国务院办公厅印发《关于对 2017 年落实有关重大政策措施真抓实干成效明显地方予以督查激励的通报》，湖南省被评为 2017 年棚户区改造工作积极主动、成效明显的 5 个省份之一。这是湖南省棚户区改造继 2016 年获国务院通报表扬后，再获此殊荣。

5 月 11 日　中共湖南省第十一届委员会第五次全体会议召开，会议全面贯彻落实习近平总书记在深入推动长江经济带发展座谈会上的重要讲话精神，审议通过《中共湖南省委关于坚持生态优先绿色发展深入实施长江经济带发展战略　大力推动湖南高质量发展的决议》。

5 月 21 日　召开省级领导干部会议，传达学习全国生态环境保护大会精神特别是习近平总书记重要讲话精神，研究部署湖南贯彻落实工作。会议强调，要加快把思想和行动统一到习近平生态文明思想上来，牢固树立新发展理念和正确政绩观，坚定不移走生态优先、绿色发展的路子，坚决打好污染防治攻坚战，加快建设天蓝地绿水清土净的生态强省。

6 月 4 日　2018 年"全国科技工作者日"湖南（长沙）主场活动暨"走在建设世界科技强国征程上的中国科学家"主题展启动式在省科技馆举行。这是中华人民共和国历史上第一次以科学家群体为主题的大型展览。

6 月 5 日　"六五"环境日国家主场活动暨创新与绿色发展国

际工商圆桌会议在长沙开幕。会议主题为"美丽中国，我是行动者"，会议发布《公民生态环境行为规范（试行）》。

6月5日—8日 国家粮食安全省长责任制考核工作组对湖南省粮食安全省长责任制落实情况进行实地考核。至2017年底，湖南耕地面积为6233.5万亩，耕地保有量超出国家下达任务267.5万亩；落实永久基本农田4958.07万亩。2017年，湖南粮食播种面积达7294万亩，粮食总产达2984万吨，分别比10年前增长0.8%、2.6%。

6月6日 农业农村部向社会推介100个全国农村创业创新典型县范例，湖南省湘潭县、常德市西湖管理区、桃江县3个县（市、区）入选。

6月11日—12日 中共中央政治局常委、国务院总理李克强在湖南衡阳、长沙考察。李克强充分肯定近年来湖南经济社会发展取得的成绩，希望在以习近平同志为核心的党中央的坚强领导下，开拓创新、扎实苦干，努力促进经济高质量发展。

6月12日 国家药品监督管理局、海关总署联合发布《关于增设长沙航空口岸为药品进口口岸的公告》，长沙成为全国第22个拥有药品进口口岸的城市。

6月13日 世界首列短定子直线电机快速磁浮列车——商用磁浮2.0版列车，在中车株洲电力机车有限公司下线。

6月14日 长沙等13个国家文化出口基地由中宣部、商务部授牌。

6月23日 中车株洲电力机车有限公司与德国铁路股份公司签订新型混合动力"火车头"框架协议及首批机车订单，中国"火车头"首次出口德国。

7月19日 省第十三届人民代表大会常务委员会第五次会议通过《关于加快推进生态强省建设的决定》。省人大常委会把生态文明建设作为重点立法和工作领域，为守护青山碧水蓝天提供了强有力的法治保障和制度支持。

8月3日 省政府批复同意2017年申请贫困退出的茶陵、炎陵、石门、桂东、中方5县脱贫摘帽。

8月31日 省第5号总河长令签署。自2018年8月23日至2019年7月20日，在全省河湖开展乱占、乱采、乱堆、乱建等突出问题专项整治行动。

9月6日—7日 第四届对非投资论坛在长沙举行。本届论坛以"深化对非投资合作、创新推动中非可持续发展和共享繁荣"为主题，由财政部、省政府、国家开发银行、世界银行共同主办。

9月7日 省委、省政府印发《湖南省乡村振兴战略规划（2018—2022年）》。《规划》明确湖南实现乡村振兴战略的宏伟目标、主要任务和重大举措。

9月13日 文化和旅游部、国务院扶贫办在慈利县罗潭村召开全国乡村旅游与旅游扶贫工作推进大会。

9月15日 首届发展中国家儿科论坛在长沙举行。

9月19日 首届世界语言资源保护大会在长沙开幕。2019年2月21日，联合国教科文组织首个以"保护语言多样性"为主题的重要永久性文件——保护与促进世界语言多样性《岳麓宣言》正式发布。

9月21日 长沙新能源材料工业技术研究院在岳麓山国家大学科技城挂牌成立。这是湖南省第一家以新能源材料为主题的工业技术研究院。

9月29日 省委、省人民政府印发《中共湖南省委湖南省人民政府关于打赢脱贫攻坚战三年行动的实施意见》。

10月12日 科技部复函湖南省人民政府，同意《湖南创新型省份建设方案》，支持湖南建设创新型省份。《湖南创新型省份建设实施方案》经省政府常务会议审议通过，于 12 月 30 日由省政府正式印发。

10 月 15 日　湘西土家族苗族自治州在 2018 全国森林城市建设座谈会上荣获"国家森林城市"称号，成为全国 30 个少数民族自治州中第一个获此荣誉的城市。

10 月 20 日　长株潭城市群一体化发展首届联席会议在长沙召开，会议公布《长株潭城市群一体化发展行动计划（2018—2019 年）》，聚焦基础设施、公共服务、环境保护、民生保障等方面，共铺排 14 大项、20 分项合作实事。

10 月 28 日　省委在湘西自治州召开全省深入学习贯彻习近平总书记精准扶贫工作重要论述大会。会议强调，要深学笃用习近平总书记精准扶贫工作重要论述，坚定信心决心，全面对标看齐，向脱贫攻坚最后堡垒发起总攻，坚决打赢打好精准脱贫攻坚战。

10 月 31 日　省扶贫办印发《关于提高脱贫质量促进稳定脱贫的指导意见》，明确把巩固脱贫成果和推进脱贫攻坚摆到同样重要位置。

11 月 10 日　国家发展改革委印发《湘南湘西承接产业转移示范区总体方案》，湘南湘西承接产业转移示范区（简称"示范区"）正式获批。示范区范围包括衡阳、郴州、永州、湘西土家族苗族自治州、怀化、邵阳，总面积 12.1 万平方公里，2017 年常住人口3234 万人。

11 月 20 日　中央正式备案同意《湖南省关于市县机构改革的总体意见》，标志着湖南省市县机构改革进入方案制订和组织实施的实质推进阶段。市县机构改革次年 3 月底基本完成。

11 月 21 日　开放强省暨湘南湘西承接产业转移示范区建设推

进大会在长沙召开。大会强调，要抢抓机遇、勇立潮头，坚定不移走开放发展之路，大力实施创新引领开放崛起战略，真正把习近平总书记对湖南提出的"一带一部"战略定位落到实处，加快建设开放强省，构建全面开放新格局。

11月29日 "2018国际区块链大会"在长沙国际会展中心开幕。长沙市制定《关于加快区块链产业发展的实施意见》，长沙经开区成立星沙区块链产业园。

同日 国家民委在湘西自治州主持召开武陵山片区脱贫攻坚暨少数民族特色村镇建设助推精准扶贫现场会。

11月 省委办公厅、省政府办公厅印发《湖南省深入推动长江经济带发展重点工作实施方案》，推动长江经济带"共抓大保护、不搞大开发"落地见效。《方案》提出以水污染治理、水生态修复、水资源保护"三水共治"为核心，推进生态环境保护与修复。

12月14日 省委办公厅、省人民政府办公厅印发《关于进一步加强扶贫协作工作的实施意见》，明确持续推进长沙市等6市对口帮扶龙山县等7县；组织长沙县等8个县市区与沅陵县等8个贫困县开展"携手奔小康"行动。

12月18日 庆祝改革开放40周年大会在人民大会堂隆重举行。省委领导集中收看庆祝大会盛况，聆听习近平总书记在会上发表的重要讲话。大家一致表示，习近平总书记的重要讲话，是指导我们在更高起点、更高目标、更高层次上不断把新时代改革开放继续推向前进的纲领性文献。同月10日，湖南举行庆祝改革开放40周年大会，回顾总结改革开放走过的光辉历程、取得的巨大成就、积累的宝贵经验，深入分析改革开放面临的形势任务，进一步动员全省上下深入学习贯彻习近平新时代中国特色社会主义思想和党的十九大精神，在更高起点、更高层次、更高目标上把改革开放不断推向深入。

12月24日 全省教育大会在长沙召开，深入学习贯彻习近平总书记关于教育的重要论述和全国教育大会精神，全面总结和部署全省教育工作。会议提出全省教育工作总要求，强调办好人民满意的教育，培育德智体美劳全面发展的社会主义建设者和接班人，为加快建设富饶美丽幸福新湖南提供坚实的人才保障和智力支撑。

12月25日 怀邵衡铁路全线开通，成为湖南连接西南地区、西北地区和东南沿海地区、珠三角地区，沟通海峡西岸经济区和粤港澳大湾区最便捷、最快速的运输通道。

12月26日 湖南发出第一本农村宅基地"三权分置"不动产权登记证。探索宅基地所有权、资格权、使用权"三权分置"及农宅合作社试点是2018年省委1号文件、深改组部署的一项创新改革。

12月30日 株洲冶炼集团股份有限公司对该厂最后一座运行中的基夫赛特炉进行拉闸、断电。随着炉窑内最后一滴铅锌液被抽干，株洲清水塘老工业区261家企业实现全面关停退出。这是省"一号重点工程"——湘江保护与治理取得的标志性成果。

本年度 地区生产总值36425.8亿元。居民人均可支配收入25241元，其中城镇居民人均可支配收入36698元，农村居民人均可支配收入14093元。居民人均消费支出18808元。

二〇一九年

1月10日　省委十一届七次全体会议审议通过《中共湖南省委关于树牢"四个意识"坚决做到"两个维护"进一步加强党的政治建设的意见》。《意见》将政治建设纳入制度化、规范化轨道，进一步增强了政治建设的指导性、针对性和可操作性。

1月15日—16日　中央政法工作会议在北京召开。习近平强调，要全面深入做好新时代政法各项工作，促进社会公平正义保障人民安居乐业。3月22日，召开省委常委会会议，研究部署扫黑除恶专项斗争。4月3日，中央扫黑除恶第16督导组督导湖南省工作动员会在长沙召开。根据党中央统一部署，4月1日至4月30日，中央扫黑除恶第16督导组对湖南省扫黑除恶专项斗争进行了督导。5月22日至23日，全国扫黑除恶专项斗争领导小组听取了包括湖南在内的10个省份的扫黑除恶督导工作情况汇报，审议通过了督导报告等相关文件。6月11日，中央扫黑除恶第16督导组督导湖南省情况反馈会在长沙举行。10月31日，全省扫黑除恶专项斗争推进会在长沙召开，会议传达贯彻全国扫黑除恶专项斗争第二次推进会精神，就中央扫黑除恶督导"回头看"反馈意见进行整改落实，对下一阶段专项斗争作出部署。

2月26日　中央电视台《新闻联播》头条播出《领航新时代·湖南篇》，报道湖南3年来，为落实习近平总书记要求，从难点入手，向短板发力，在着力推进供给侧结构性改革和扶贫攻坚等方面，书写高质量发展的新篇章。

3月1日 省政府批复同意2018年申请贫困退出的平江县、宜章县、汝城县、安仁县脱贫摘帽。4月16日，省政府批复同意2018年申请贫困退出的新邵县、绥宁县、武冈市、永定区、慈利县、安化县、江华瑶族自治县、辰溪县、会同县、新晃侗族自治县、芷江侗族自治县、靖州苗族侗族自治县、双峰县等13县市区脱贫摘帽。

3月8日 省委、省政府印发《关于落实农业农村优先发展要求做好"三农"工作的意见》。

3月20日 湖南省出台《湖南省乡村人才振兴行动计划》，明确创新和完善乡村引才、聚才、铸才、育才、扶才、优才的体制机制和政策体系，为实施乡村振兴战略提供坚强的人才支撑和智力保障。

3月31日 人民日报、新华社、中央广播电视总台等中央媒体集中报道习近平总书记"精准扶贫"首倡地湘西土家族苗族自治州，挖掘湘西州精准扶贫故事，探寻精准扶贫"湘西经验"。"湘西经验"在获得全国各地读者点赞的同时，也为各地深入推进脱贫攻坚工作带来启发。

4月9日 省政府常务会议审议通过《"一件事一次办"改革工作实施方案》及"一件事一次办"事项目录表（100项），标志着湖南省启动"一件事一次办"改革。这一湖南结合实际推出的原创性改革，给企业群众办事提供快速便捷、高效精准的服务，上升为国家"放管服"改革重要举措，成为全国政务服务品牌。

4月18日 省委常委会召开会议，传达学习贯彻4月16日习近平总书记在重庆考察特别是在解决"两不愁三保障"突出问题座谈会上的重要讲话精神。

4月19日 中南大学湘雅二医院国家代谢性疾病临床医学研究

中心远程病房产品发布会在长沙召开，国内第一家"远程病房"正式启用。

4月20日 长株潭城市群一体化发展市长联席会召开，标志着长株潭三市融城进入加速度。

4月26日 省委扶贫工作会议在长沙召开，深入学习贯彻习近平总书记关于扶贫工作的重要论述和在重庆考察并主持召开解决"两不愁三保障"突出问题座谈会的重要讲话精神，进一步总结成绩、分析形势、明确任务。

5月14日 以"经济高质量，生活更美好"为主题，首届全球高端制造业大会在长沙举行。会上发布《全球高端制造业长沙宣言》。

同日 国务院发布《关于同意郴州市建设国家可持续发展议程创新示范区的批复》，同意郴州市以水资源可持续利用与绿色发展为主题，建设国家可持续发展议程创新示范区。

5月21日 习近平总书记主持召开推动中部地区崛起工作座谈会并发表重要讲话。习近平强调，推动中部地区崛起是党中央作出的重要决策，做好中部地区崛起工作，对实现全面建成小康社会奋斗目标、开启我国社会主义现代化建设新征程具有十分重要的意义。24日，省委召开省级领导干部会议，传达学习习近平总书记在推动中部地区崛起工作座谈会上的重要讲话精神。会议强调，要全面把握发展机遇与挑战，立足"一带一部"战略定位，大力推动制造业高质量发展，深入实施创新引领开放崛起战略，坚决打好三大攻坚战，以湖南的高质量发展为中部地区崛起作贡献。

5月24日 全国扶贫小额信贷工作现场会在湖南召开。

6月5日 "潇湘一号04星"（"娄星号"）等7颗卫星被送入预定轨道，填补了我国运载火箭海上发射空白。

6月12日 湖南开通首条直飞非洲（长沙—内罗毕）的定期航线。

6月14日　全国首辆5G技术控制的新能源公交车亮相株洲。

6月19日　《湖南省5G应用创新发展三年行动计划（2019—2021年）》发布，提出坚持创新驱动、需求牵引、重点突破、融合发展，着力构建湖南特色的5G应用产业链，打造5G应用示范区、普及先行区、产业集聚区，为建设富饶美丽幸福新湖南提供有力支撑。

6月21日　湖南401个村落被列入第五批"中国传统村落名录"，数量居全国第一，湖南省的中国传统村落达到658个。

6月27日—29日　第一届中非经贸博览会在长沙举行。53个非洲国家赴会，10万人次观展，14场活动，5大板块展览展示，中非共同签署84项合作文件，涵盖贸易、投资、基础设施、农业、制造业、航空、旅游、友城等领域，涉及金额208亿美元。该经博会永久落户湖南长沙，开启中非经贸合作新航程。

6月28日　省委、省政府召开全省全面加快推进供销合作社综合改革暨农村集体产权制度改革整省试点电视电话会议，湖南正式启动整省推进农村集体产权制度改革。作为被确定为全国农村集体产权制度改革整省推进试点省份之一，湖南按照改革范围全覆盖、提前一年完成改革任务、取得一批制度性成果的要求，制定了具体的路线图、时间表和任务书。

6月30日　中南源品干细胞科技园正式开园，这是湖南省首个干细胞与再生医学科技园。

7月12日　省委十一届八次全会审议通过《中共湖南省委关于全面加强基层建设的若干意见》。这是贯彻习近平总书记"抓基层、强基层"重要指示的具体行动、践行"不忘初心、牢记使命"的重要举措。

7月25日　国务院新闻办公室在北京举行以"红色热土新征程

中部崛起新湖南"为主题的庆祝中华人民共和国成立70周年湖南专场新闻发布会。湖南70年发展成就分为"创新引领""开放崛起""文化高地""幸福宜居"4个板块，以及湖南非遗、工程机械和文创产品3个专题展区进行展览。

7月29日—31日 "推进湘南湘西承接产业转移示范区对接粤港澳大湾区产业融合发展"高峰论坛系列活动在邵阳举行。

7月31日 湖南省公布安化县黑茶小镇（田庄乡）等首批10个农业特色小镇。

8月2日 纪念湖南和平解放70周年座谈会在长沙召开。省委号召全省人民继承光荣传统，发扬革命精神，以永不懈怠的精神状态和一往无前的奋斗姿态，扎实办好湖南自己的事，决胜全面建成小康社会，进而开启实现基本现代化新征程。

9月4日 衡阳市南岳区、湘潭市韶山市、张家界市武陵源区入选首批国家全域旅游示范区。

9月6日 国家发文确认，湖南省包含宁乡市在内的19个县市区试点建设紧密型县域医疗卫生共同体。

9月9日—11日 首届世界计算机大会在长沙举行。经国务院批复同意，大会永久落户长沙。

9月25日 湖南省庆祝中华人民共和国成立70周年大会在长沙举行。大会全面回顾总结70年来新中国及湖南省发展走过的光辉历程、取得的伟大成就，展望伟大祖国的美好未来，进一步动员全省上下深入学习贯彻习近平新时代中国特色社会主义思想，不忘初心、牢记使命，加快建设富饶美丽幸福新湖南，共同为实现中华民族伟大复兴的中国梦而努力奋斗。

同日 国家发改委等6部委联合印发《国家产教融合建设试点实施方案》，将在湖南省等21个区域进行全国首批产教融合建设试点。

9月26日　开放道路智能驾驶长沙示范区在湖南湘江新区正式启用。

9月　省扶贫办印发《关于做好2019年度扶贫对象动态管理工作的通知》，首次提出对"两类对象"（边缘户和脱贫监测户）进行摸底。

10月1日　庆祝中华人民共和国成立70周年大会、阅兵仪式和群众游行在北京天安门广场隆重举行。习近平总书记发表讲话并检阅受阅部队。他指出，今天，社会主义中国巍然屹立在世界东方，没有任何力量能够撼动我们伟大祖国的地位，没有任何力量能够阻挡中国人民和中华民族的前进步伐。省委举行庄严的升国旗仪式，庆祝中华人民共和国成立70周年。

10月11日　交通运输部启动交通强国建设试点，确定在湖南等13个区域开展首批交通强国建设试点。

10月16日　中联重科LH3350-120动臂塔机在常德中联重科智能塔机工业园下线。该塔机最大起重量达120吨，刷新世界纪录，成为全球最大吨位内爬式动臂塔机。

10月18日—20日　经党中央、国务院批准，以"智慧轨道、联通未来"为主题的2019中国国际轨道交通和装备制造产业博览会在长沙举行，并长期落户湖南。这是首届，也是我国轨道交通装备制造领域唯一的国家级、国际性专业展会。

10月19日　2019年全国脱贫攻坚先进事迹巡回报告会在长沙举行。

10月23日　围绕习近平总书记关于"三农"工作重要论述和8月9日印发的《中国共产党农村工作条例》，省委理论学习中心组（扩大）举行第二十五次集体学习。会议强调，要认真学习贯彻习近平总书记关于"三农"工作重要论述，牢牢把握实施乡村振兴战略这个总抓手，认真落实"产业兴旺、生态宜居、乡风文明、治理有效、生活富裕"总要求，加快推进乡村产业、人才、文化、生态、组织"五个振兴"，不断提升乡村治理体系和治理能力现代化。

10月24日 由湖南中医药大学主办的2019湖湘生物医药–中医药创新国际会议在长沙开幕。湖南中医药走进"一带一路"取得重大突破。

10月30日 省政府印发《湖南省洞庭湖水环境综合治理规划实施方案（2018—2025年）》。《方案》明确强化河湖和湿地生态系统保护、加快生态水网建设、维护生物多样性、推进森林生态系统建设等多项重点任务。

11月20日 长沙直飞尼泊尔首都加德满都定期航线开通。这是中国中部地区首条直飞尼泊尔的定期航线。长沙"四小时航空经济圈"范围扩至16个国家和地区的35个城市。

11月23日 中国广电5G在长沙圣爵菲斯酒店楼顶基站开通。这是中国广电在取得5G牌照成为中国第四大运营商之后的首个5G基站，也是全球首个700MHz+4.9GHz5G基站。

12月7日 中共湖南省第十一届委员会第九次全体会议在长沙召开。全会审议通过《中共湖南省委关于深入学习贯彻党的十九届四中全会精神为加快建设富饶美丽幸福新湖南提供有力制度保障的决议》。全会指出，抓好党的十九届四中全会精神的贯彻落实，是全省上下当前和今后一个时期的重要政治任务。省委以全会《决议》形式提出的贯彻落实意见，是湖南坚持和维护中国特色社会主义制度、以实际行动推进治理体系和治理能力现代化作出的重大战略部署。

12月25日 省政府常务会议审议通过《关于健康湖南行动的

实施意见》，启动实施健康湖南行动，推动卫生健康工作理念和服务方式从以治病为中心转变为以人民健康为中心。

12 月 26 日　黔张常铁路正式开通运营，填补渝鄂湘 3 省市交界地区铁路网空白，常德、张家界、湘西土家族苗族自治州从此迈入高铁新时代。

12 月 31 日　省政府办公厅印发《关于支持岳麓山国家大学科技城发展的若干意见》，推进岳麓山国家大学科技城建设全国"最美大学城、领先科技城、一流创业城"。

本年度　地区生产总值 39752.1 亿元。居民人均可支配收入 27680 元，其中城镇居民人均可支配收入 39842 元，农村居民人均可支配收入 15395 元。居民人均消费支出 20479 元，其中城镇居民人均消费支出 26924 元，农村居民人均消费支出 13969 元。新增城镇就业人员 80.83 万人。

二〇二〇年

1月1日 全省 44 个水产种质资源保护区和自然保护区，全面永久性禁止天然渔业资源的生产性捕捞。

1月21日 国家卫生健康委确认湖南省长沙市首例输入性新型冠状病毒感染的肺炎确诊病例。随后，在党中央坚强领导下，湖南与全国各地一道迅速打响疫情防控的人民战争、总体战、阻击战。疫情期间，本省累计向湖北省派出医疗队 19 批次，共 1502 人。在湖北累计收治（管理）确诊患者 2235 例，治愈出院 1783 例。9月8日，全国抗击新冠肺炎疫情表彰大会在北京人民大会堂举行。习近平总书记发表重要讲话，总结了疫情防控斗争的成就、经验和启示，深刻阐述了"生命至上、举国同心、舍生忘死、尊重科学、命运与共"的伟大抗疫精神。湖南 45 人获全国抗击新冠肺炎疫情先进个人、5 个集体获全国抗击新冠肺炎疫情先进集体、6 人获全国优秀共产党员、4 个基层党组织获全国先进基层党组织称号。

2月4日 省民政厅、省教育厅、省财政厅等 10 部门联合印发《关于建立社会救助兜底保障对象救助帮扶长效机制的通知》，编密织牢兜底保障对象的基本民生安全网。

2月6日 省发改委发布《关于抓紧做好全省重点建设项目开工复工的通知》，要求在做好疫情防控工作的前提下，加大重点项目推进力度，全力扩大有效投资。

2月10日 全省决战脱贫攻坚暨防控新冠肺炎阻击战动员大会

在长沙召开。会议强调，全省各级各部门特别是主要领导干部要在战争中学习战争，在游泳中学会游泳，既要抓落实、又要抓重点，既要听指挥、又要善思考，既要敢担当、又要有定力，既要抓全局、又要重细节，做到胸中有数，坚决打赢脱贫攻坚战和疫情防控阻击战，夺取全面建成小康社会伟大胜利。12 日，根据省委疫情防控工作领导小组的安排部署，省市县三级选派的驻企防疫联络员（组）第一批 12919 名防疫联络员分赴企业，指导帮助做好防疫工作。

2 月 28 日 省委常委会议召开，传达学习贯彻习近平总书记在 2 月 26 日中共中央政治局常委会会议上的重要讲话精神，部署统筹推进疫情防控和经济社会发展工作。会议审议通过了《关于深入贯彻落实习近平总书记重要讲话精神 在统筹推进新冠肺炎疫情防控和经济社会发展工作中更好发挥各级党组织和党员干部作用的意见》。会议强调，全省各级党组织和广大党员干部要牢固树立"一盘棋"思想，坚持和落实"三统一"要求，加强重大事项请示报告，真正把中央、省委"两手抓、两手硬"的决策部署抓实抓细抓落地。

2 月 29 日 省政府批复同意 2019 年申请贫困退出的邵阳县、隆回县、洞口县、新宁县、城步苗族自治县、桑植县、新田县、沅陵县、溆浦县、麻阳苗族自治县、通道侗族自治县、新化县、涟源市、泸溪县、凤凰县、花垣县、保靖县、古丈县、永顺县、龙山县等 20 县市脱贫摘帽。

3 月 6 日 决战决胜脱贫攻坚座谈会召开。习近平总书记讲话强调，要动员全党全国全社会力量，凝心聚力打赢脱贫攻坚战，确保如期完成脱贫攻坚目标任务，确保全面建成小康社会。座谈会后，省委召开会议，深入学习贯彻习近平总书记在会上发表的重要讲话精神。会议强调在抓好疫情防控的同时，聚焦当前脱贫攻坚存在的短板弱项精准施策、全力攻坚，坚决克服疫情影响，确保如期高质量完成脱贫攻坚目标任务。

同日 召开省委常委会议，审议通过《关于全面落实关心关爱疫情防控一线村（社区）工作人员各项政策的具体措施》《湖南省关于建立健全城乡融合发展体制机制和政策体系的实施方案》。

3月16日 一批打印机从岳阳城陵矶综合保税区出发，搭乘中欧班列出口德国，开辟了综保区内商品出口跨境物流快捷新通道。

3月31日 省第十三届人民代表大会常务委员会第十六次会议通过《湖南省长株潭国家自主创新示范区条例》。《条例》自7月1日起施行。

3月 全省组织30多万名党员干部进村入户开展"回头看"，建立了湘扶贫监测平台，全省共入户采集农户2592091户8296736人，贫困村6920个。针对发现的5.7万个问题，分门别类对标对表，全部整改到位。

4月12日 湖南发出首张农村集体产权交易鉴证书，由汉寿县坡头镇竹山村村民刘其太领取。

4月13日 湖南城陵矶港启动第一批集装箱水铁多式联运，标志着湖南省首个铁路无轨站——城陵矶国际港铁路集装箱无轨站建成启用。

4月19日 省委深改委审议通过《中共湖南省委全面深化改革委员会2020年工作要点》。《要点》围绕中央提出的"到2020年在重要领域和关键环节改革上取得决定性成果"和"推动各项改革向制度更加成熟更加定型靠拢"目标，重点推出五大类30多项重点改革，在重要领域和关键环节改革上进一步突破。

4月22日 省委办公厅、省政府办公厅印发《关于加强和改进乡村治理的若干措施》，出台"十八条"具体举措，着力建强村党组织、健全村民自治机制、推进法治乡村建设、加强农村思想道德建设，全面加强和改进乡村治理。

4 月 23 日 国内首台混合动力船舶直流组网兆瓦级永磁发电机在中车株洲电机有限公司下线。

4 月 30 日 全省首张"证照合一"营业执照在祁阳县政务服务中心发放。

5 月 5 日 国务院办公厅印发通知，湖南因"易地扶贫搬迁积极主动、成效明显"获评 2019 年易地扶贫搬迁督查激励省份。6 月 5 日，国家发改委《"十三五"时期易地扶贫搬迁工作政策指引》推介了怀化市精准督导后续扶贫工作经验；9 月 11 日，国家发改委省级交叉检查组高度评价湖南"十三五"易地扶贫搬迁工作。

5 月 7 日 全球首台纯电动汽车起重机——一台 25 吨极光绿纯电动汽车起重机，在长沙中联重科泉塘工业园下线。

6 月 28 日 湖南国家应用数学中心在湘潭大学揭牌，这标志着湖南数学界的第一个国家级平台正式落地。

6 月 29 日 2020 湖南—长三角经贸合作洽谈周开幕，27 个重大项目实现"云签约"，总投资额 582.6 亿元。

7 月 1 日 《湖南省实施〈中华人民共和国土壤污染防治法〉办法》正式实施。实施办法明确了土壤污染重点监管单位的义务，对农用地、建设用地、工矿企业的污染防治和风险管控作了制度设计，并制定了管控措施。

7 月 2 日 湖南红土航空股份有限公司正式在湖南长沙临空经济区挂牌。12 月 1 日，湖南航空完成更名手续，拿到运行合格证，湖南正式迎来首家本土航空公司。12 月 8 日，首架"湖南航空"空客 A319 客机，飞抵长沙黄花国际机场并接受"过水门"礼仪。

同日 "中国社会扶贫网"湖南频道正式上线，成为全国第一个上线的地方平台。

7月7日　联合国教科文组织执行局第 209 次会议通过决议，中国湘西地质公园被正式列入世界地质公园网络名录，成为我国第 40 个世界地质公园，湘西州迎来了世界级金字招牌。

7月11日　湖南省首个世界级大型综合旅游产业项目——湘江欢乐城开园，这是长沙老工业基地向绿色新城转型的代表作，被视为国内生态修复的典型。

7月21日　省委、省政府印发《关于贯彻落实〈新时代公民道德建设实施纲要〉的实施意见》《关于贯彻落实〈新时代爱国主义教育实施纲要〉的实施意见》。

7月28日　《湖南省推进湘赣边区域合作示范区建设三年行动计划（2020-2022 年）》对外公布，将在示范区湖南范围内推进 100 个重点项目，总投资 2897 亿元。

7月—8月　根据国务院扶贫开发领导小组统一部署，配合国家统计局湖南调查总队对 48 个县市区进行国家脱贫攻坚普查。

8月8日　国家长江办正式印发《关于支持湖南岳阳开展长江经济带绿色发展示范的意见》，岳阳成为第 5 个国家长江经济带绿色发展试点示范城市。这是对 2018 年以来岳阳守护好一江碧水工作的充分肯定，也是对岳阳坚持生态优先绿色发展提出的更高要求。

8月10日　湖南省扶贫办在全国消费扶贫行动现场推进会上就全省消费扶贫工作经验作典型发言。湖南在全国率先上线湖南省消费扶贫公共服务平台，搭建消费扶贫产销平台；上线"芒果扶贫云超市"，创新推出"一键开店、一键直播、一键到家"的农产品直播电商模式。

9月9日　首届"湖南省教书育人楷模"颁奖典礼在长沙举行。

9月16日—18日　习近平总书记在湖南省委主要领导陪同下，到郴州、长沙等地，深入农村、企业、产业园、学校等，就统筹推进常态化疫情防控和经济社会发展工作、谋划"十四五"时期经济社会发展进行调研。习近平总书记强调，要落实党中央决策部署，坚持稳中求进工作总基调，贯彻新发展理念，坚持以供给侧结构性改革为主线，决胜全面建成小康社会、决战脱贫攻坚，扎实做好"六稳"工作，全面落实"六保"任务，着力打造国家重要先进制造业、具有核心竞争力的科技创新、内陆地区改革开放的高地，在推动高质量发展上闯出新路子，在构建新发展格局中展现新作为，在推动中部地区崛起和长江经济带发展中彰显新担当，奋力谱写新时代坚持和发展中国特色社会主义的湖南新篇章。19日，省委常委会召开扩大会议，专题传达学习习近平总书记在湖南考察调研时的重要讲话精神。会议强调，要把习近平总书记对湖南工作的肯定和殷切希望作为新的起点，着力打造"三个高地"，在构建新发展格局中展现新作为，奋力谱写新时代中国特色社会主义湖南新篇章。

9月21日　国务院新闻办公室举行新闻发布会，发布北京、湖南、安徽3省市自由贸易试验区总体方案及浙江自由贸易试验区扩展区域方案。湖南自贸试验区正式扬帆起航，成为中国改革开放的"新地标"和"试验田"。24日，中国（湖南）自由贸易试验区揭牌仪式暨建设动员大会在长沙举行。

9月27日　中国迄今研制的最大直径盾构机——直径16.07米的超大盾构机在中国铁建重工集团长沙第一产业园下线，盾构机整机长150米，总重量4300吨。

9月29日　湖南电视50周年纪念座谈会在长沙举行。会议强调，在推进文化强省建设，形成"北有中关村、南有马栏山"中勇担当、走在前，为"着力打造国家重要先进制造业、具有核心竞争力的科技创新、内陆地区改革开放的高地"作出贡献，为奋力谱写新时代坚持和发展中国特色社会主义的湖南新篇章凝聚力量。

10 月 10 日 中共湖南省第十一届委员会第十一次全体会议在长沙召开。全会审议通过《中共湖南省委关于深入学习贯彻习近平总书记考察湖南重要讲话精神奋力谱写新时代坚持和发展中国特色社会主义湖南新篇章的决定》《中国共产党湖南省第十一届委员会第十一次全体会议决议》。

10 月 26 日—29 日 中国共产党第十九届中央委员会第五次全体会议在北京召开，审议通过了《中共中央关于制定国民经济和社会发展第十四个五年规划和二〇三五年远景目标的建议》。10 月 30 日，召开省级党员领导干部会议，传达学习党的十九届五中全会精神。会议强调，要坚定不移向党中央和习近平总书记看齐，切实把思想和行动统一到全会精神上来，结合贯彻落实习近平总书记考察湖南重要讲话精神，科学谋划湖南"十四五"发展，扎实做好当前各项工作，为加快建设富饶美丽幸福新湖南、奋力谱写新时代坚持和发展中国特色社会主义的湖南新篇章作出更大贡献。

10 月 29 日 首届湖南（岳阳）口岸经贸博览会开幕，59 个重大项目成功签约。

11 月 7 日 中共中央办公厅、国务院办公厅印发了 2019 年度污染防治攻坚战成效考核的通报，通报中湖南被评定为优秀等次，这是国家层面对湖南省污染防治攻坚战工作的最大肯定。

11 月 9 日 智利、苏丹、塞拉利昂等 10 个国家和联合国粮农组织、粮食计划署等 2 个国际组织的驻华使节来湘调研武陵山片区脱贫攻坚成果，扩大宣传湖南的扶贫工作成效。

11 月 14 日 由湖南省人民政府和江西省人民政府共同主办的"2020 中国红色旅游博览会"在长沙开幕。本届红色旅游博览会以"红色土地·全面小康"为主题，湘赣携手举办 48 个红色旅游活动，通过会展、论坛和推介会等形式，全方位展示 25 个省（自治区、直辖市）红色旅游产业发展和脱贫攻坚、乡村振兴、全面建成小康社会等成果，共享红色旅游发展新经验、新模式。

11 月 30 日 湖南省抗击新冠肺炎疫情表彰大会在长沙举行。会上，950 人被授予"湖南省抗击新冠肺炎疫情先进个人"称号，300 个集体被授予"湖南省抗击新冠肺炎疫情先进集体"称号，119 名共产党员被授予"湖南省优秀共产党员"称号，1 人被追授"湖南省优秀共产党员"称号，90 个基层党组织被授予"湖南省先进基层党组织"称号。

12 月 1 日—2 日 中国共产党湖南省第十一届委员会第十二次全体会议在长沙举行。全会审议通过了《中共湖南省委关于制定湖南省国民经济和社会发展第十四个五年规划和二〇三五年远景目标的建议》。全会高度评价全省决胜全面建成小康社会取得的决定性成就。全会指出，要准确把握新发展阶段湖南的新特征新要求，大力实施"三高四新"战略，奋力建设现代化新湖南。

12 月 3 日 湖南投资规模最大的单体项目——长沙机场改扩建暨综合交通枢纽工程启动。

12 月 9 日 中国（湖南）自由贸易试验区工作领导小组第一次会议召开。会议审议通过了《中国（湖南）自由贸易试验区工作领导小组工作规程》《中国（湖南）自由贸易试验区管理办法（试行）》以及长沙、岳阳、郴州片区实施方案。

12 月 12 日 发布《中共湖南省委关于制定湖南省国民经济和社会发展第十四个五年规划和二〇三五年远景目标的建议》。首次提出构建"一核两副三带四区"的区域经济格局。"一核"，指的是大力推进长株潭一体化，打造中部地区崛起核心增长极，带动"3+5"城市群发展；"两副"指建设岳阳、衡阳两个省域副中心城市；"三带"即建设沿京广、沪昆、渝长厦通道的三大经济发展带；"四区"指长株潭、洞庭湖、湘南、湘西四大区域板块协调联动发展。

12月26日 娄底海关正式开关运行，标志着长沙海关机构布局全覆盖和湖南全方位开放的进一步深化。

12月29日 召开省委全面深化改革委员会第十次会议，审议通过了《关于构建更加完善的要素市场化配置体制机制的实施意见》《湖南省国企改革三年行动实施方案（2020-2022年）》《关于深化事业单位改革试点的实施意见》《关于构建现代环境治理体系的实施意见》《关于加快建立网络综合治理体系的实施意见》《关于深化新时代教育督导体制机制改革的实施意见》《关于深化医疗保障制度改革的实施意见》。

12月30日 省委召开会议，传达学习中央农村工作会议精神，研究湖南贯彻落实举措。会议强调，要认真学习领会贯彻习近平总书记重要讲话精神，形成新时代"三农"工作的强大合力，全面推进乡村振兴落地见效。次年3月7日，省委、省政府发布《关于全面推进乡村振兴　加快农业农村现代化的实施意见》。《意见》指出，全省要认真落实党中央、国务院关于全面推进乡村振兴、加快农业农村现代化的决策部署，坚持农业农村优先发展，全面推进乡村产业振兴、人才振兴、文化振兴、生态振兴、组织振兴，加快农业农村现代化，努力构建农业高质高效、乡村宜居宜业、农民富裕富足的发展新格局。

本年度 面对国内外形势的深刻复杂变化，特别是新冠肺炎疫情严重冲击和罕见汛情，在省委、省政府的坚强领导下，全省全面落实党中央、国务院决策部署，众志成城抗击疫情，率先启动复工复产，扎实做好"六稳"工作，全面落实"六保"任务，统筹疫情防控和经济社会发展取得了显著成效，全省经济呈现增速稳步回升、结构持续优化、质效不断改善的良好态势，脱贫攻坚战取得全面胜利，决胜全面建成小康社会取得决定性成就。全年地区生产总值 41781.5 亿元，居民人均可支配收入 29380 元，人均可支配收入中位数 23783 元，增长 5.2%。

二〇二一年

1月3日 省委主要领导从长沙出发，乘客运列车沿醴茶铁路深入株洲醴陵市、攸县、茶陵县、炎陵县等地，围绕传承红色基因、发展红色文旅产业、巩固和拓展脱贫攻坚成果、全面推进乡村振兴、深化湘赣边区域合作等主题进行调研。

2月20日 党史学习教育动员大会召开。习近平总书记在大会提出全党同志要做到学史明理、学史增信、学史崇德、学史力行，学党史、悟思想、办实事、开新局。3月1日，全省党史学习教育动员大会在长沙召开。会议强调，要更加紧密地团结在以习近平同志为核心的党中央周围，以党史照亮前行之路，以党史洗涤心灵之尘，以党史激发奋进之力，大力实施"三高四新"战略、奋力建设现代化新湖南，以优异成绩庆祝党的百年华诞。

同日 "港通6号"起航，这是城陵矶至香港水运直达首航。

2月25日 全国脱贫攻坚总结表彰大会召开。习近平总书记宣告，我国脱贫攻坚战取得了全面胜利，并强调，脱贫摘帽不是终点，而是新生活、新奋斗的起点。解决发展不平衡不充分问题、缩小城乡区域发展差距、实现人的全面发展和全体人民共同富裕仍然任重道远。要切实做好巩固拓展脱贫攻坚成果同乡村振兴有效衔接各项工作，让脱贫基础更加稳固、成效更可持续。湖南省花垣县双龙镇十八洞村获"全国脱贫攻坚楷模"称号，90人获"全国脱贫攻坚先进个人"称号，66个集体获"全国脱贫攻坚先进集体"称号。

3 月 7 日　中车株洲电力机车有限公司研制的地铁列车以 176 公里／小时的速度，刷新国内最高纪录。

3 月 19 日　中国（湖南）自贸试验区首个以数字贸易为特色的园区——黄花数字贸易港，举行开园暨首批入园企业签约活动。

3 月 25 日　全省精神文明建设表彰会召开，集中表彰第六届全国文明城市、2020 届湖南省文明城市、文明村镇等先进典型。

3 月 30 日　湖南省世界银行贷款政府债务管理项目总结表彰暨乡村振兴项目启动会议召开，世界银行结果导向贷款湖南省湘赣边区乡村振兴地方政府治理能力提升项目启动。

4 月 8 日　益阳至常德高速公路扩容工程和新化至新宁高速公路工程集中开工仪式在益阳市举行。

4 月 12 日　省扶贫办、金鹰纪实频道联合摄制的 15 集大型纪录片《首倡的力量——湖南"精准扶贫"纪实》正式开播，芒果 TV 同步上线。

4 月 13 日　首届大国工匠·湖湘论坛暨 2021 湖湘工匠年度人物颁奖典礼在长沙举行。

4 月 14 日—6 月 11 日　全省脱贫攻坚大型成就展在湖南美术馆展出。

4 月 21 日　兴业银行牵头主承销的湖南省高速公路集团有限公司 2021 年度第二期中期票据（乡村振兴）成功发行，这是全省首单乡村振兴债。

4 月 30 日　全省脱贫攻坚总结表彰大会在长沙召开，全省 1296 名同志被授予"湖南省脱贫攻坚先进个人"称号，800 个集体被授予"湖南省脱贫攻坚先进集体"称号。

同日　国务院办公厅印发《关于对 2020 年落实有关重大政策措施真抓实干成效明显地方予以督查激励的通报》，指出湖南在 2020

年脱贫攻坚成效考核中被认定为完成年度计划、减贫成效显著、综合评价好的地方。

5月17日 省委、省政府印发《关于实现巩固拓展脱贫攻坚成果同乡村振兴有效衔接的实施意见》，提出要扎实做好5年过渡期内领导体制、工作体系、发展规划、政策举措、考核机制等有效衔接，确保我省脱贫地区顺利转向全面推进乡村振兴。

5月22日 湖南省与宁夏回族自治区在银川举行合作交流座谈会，并签署两省区能源合作备忘录。

5月28日 湖南首列国防教育主题地铁专列"红色长沙·强军号"开通。

同日 文化和旅游部发布公示，湖南省湘西州矮寨·十八洞·德夯大峡谷景区拟定为国家5A级旅游景区。

6月18日 湘赣边区域合作示范区建设推进大会在醴陵市召开。

同日 韶山至井冈山红色专列在韶山市举行首发仪式。

6月23日 湖南三安半导体产业园项目一期投产点亮，标志着国内首条、全球第三条碳化硅全产业链生产线在长沙建成。

6月30日 全省优秀共产党员、优秀党务工作者和先进基层党组织表彰大会在长沙隆重举行。大会在庆祝中国共产党成立100周年之际召开，表彰先进、弘扬正气、树立导向，在全社会营造了干事创业、奋发向上的良好氛围。全省各级党组织和广大共产党员牢记总书记殷殷嘱托，充分发挥战斗堡垒作用和先锋模范作用，紧紧依靠三湘人民推动湖南各项事业取得历史性成就、发生历史性变革，书写了"矮寨不矮，时代标高"的精彩故事。同日，省会长沙庆祝中国共产党成立100周年大型音乐焰火晚会在橘子洲焰火广场举行。

7月1日 庆祝中国共产党成立100周年大会举行。习近平总书记宣告，经过全党全国各族人民持续奋斗，我们实现了第一个百年奋斗目标，在中华大地上全面建成了小康社会，历史性地解决了绝对贫困问题，正在意气风发向着全面建成社会主义现代化强国的第二个百年奋斗目标迈进。这是中华民族的伟大光荣，这是中国人民的伟大光荣，这是中国共产党的伟大光荣。习近平总书记讲话指出，初心易得，始终难守。以史为鉴，可以知兴替。我们要用历史映照现实、远观未来，从中国共产党的百年奋斗中看清楚过去我们为什么能够成功、弄明白未来我们怎样才能继续成功，从而在新的征程上更加坚定、更加自觉地牢记初心使命、开创美好未来。回首过去，展望未来，有中国共产党的坚强领导，有全国各族人民的紧密团结，全面建成社会主义现代化强国的目标一定能够实现，中华民族伟大复兴的中国梦一定能够实现。在以习近平同志为核心的党中央坚强领导下，湖南踏上全面建设社会主义现代化国家新征程。

后 记

2021年7月1日，在庆祝中国共产党成立100周年大会上，习近平总书记庄严宣告，经过全党全国各族人民持续奋斗，我们实现了第一个百年奋斗目标，在中华大地上全面建成了小康社会。

全面建成小康社会，标志着中华民族伟大复兴中国梦迈出关键一步，实现了中国共产党和中国政府向人民、向历史作出的庄严承诺。

本书参照中共中央党史和文献研究院编的《全面建成小康社会大事记》一书的体例，采用条目式写法，按年度全面系统、简明扼要地呈现湖南自新中国成立以来，特别是党的十八大以来，建设小康社会进程中的大事、要事。编写遵循以下原则：条目主要记述湖南建设小康社会过程中省委、省政府重大决策和贯彻执行情况；突出省委在贯彻执行党中央重大决策部署过程中的集体领导，不出现省部级领导干部个人姓名；条目规范遵循"六要素"原则，即人、事、时间、地点、做法、效果。

本书根据新史料、新成果，对原有党史出版物的大事条目进行筛选及史实校正、史料补充、文字修改、观点审核；对标对表《全面建成小康社会大事记》条目，做到重要会议、重大事件、重要文献均有所对应、表述准确；每年末增加了反映湖南年度经济社会发展状况的统计数据资料（限于数据来源，每年数据详略不同）；重点突出中国特色社会主义新时代湖南全面建成小康社会的大事、要事。

本书在中共湖南省委宣传部统筹指导下，由中共湖南省委党史研究院组织编写，院长胡振荣、副院长谢承新负总责，第一研究部主任李志铭负责编写工作的组织实施。执笔人分别是：社会主义革命和建设时期（1949—1978），李志铭；改革开放和社会主义现代化建设新时期（1978—2012），邹艳；中国特色社会主义新时代（2012—2021），杨晴、李晓菲。全书的数据核对、资料核验、复查修订等大量艰苦细致的工作由杨晴、李晓菲共同完成。

本书参考借鉴了学界前辈和同行的研究成果，主要有中共湖南省委党史研究院副院长王文珍主编的《中国共产党湖南历史大事记（1919.5—2012.11）》《中国共产党湖南历史》等党史著作。中共湖南省委党史研究院二级巡视员桂新秋、赵云，第二研究部主任朱柏林，综合部主任刘文典，机关党委专职副书记肖绮晖对本书作出了贡献。此外，本书的编写得到了湖南省乡村振兴局的大力支持。本书出版前还得到湖南省发改委、湖南省教育厅、湖南省工信厅、湖南省民政厅、湖南省生态环境厅、湖南省交通运输厅、湖南省农业农村厅、湖南省商务厅、湖南省乡村振兴局、中共湖南省委党校、湖南省社会科学院等单位细致而专业的审读指导，在此一并表示感谢！

由于本书编写时间紧、任务重，编写人员水平有限，难免存在疏漏和不足，恳请读者批评指正。

本书编写组
2022 年 6 月